Impressum
Verlag: BABADADA GmbH, Nedderfeld 112 , 22529 Hamburg
Geschäftsführer / Verlagsleitung: Harald Hof
Druck: Books on Demand GmbH, In de Tarpen 42, 22848 Norderstedt

Imprint
Publisher: BABADADA GmbH, Nedderfeld 112 , 22529 Hamburg, Germany
Managing Director / Publishing direction: Harald Hof
Print: Books on Demand GmbH, In de Tarpen 42, 22848 Norderstedt

Szkoła
koulu

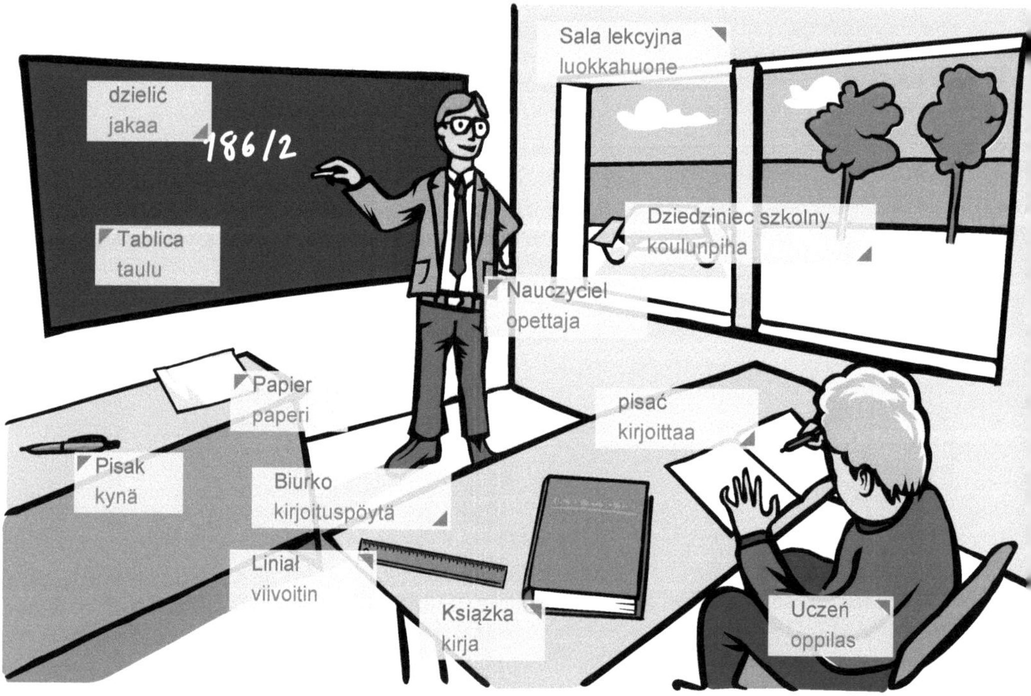
Sala lekcyjna
luokkahuone
dzielić
jakaa
186/2
Tablica
taulu
Dziedziniec szkolny
koulunpiha
Nauczyciel
opettaja
Papier
paperi
pisać
kirjoittaa
Pisak
kynä
Biurko
kirjoituspöytä
Linijał
viivoitin
Książka
kirja
Uczeń
oppilas

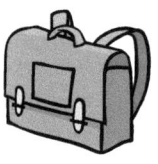

Plecak szkolny
reppu

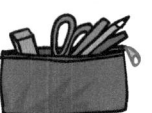

Piórnik
penaali

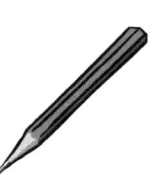

Ołówek
lyijykynä

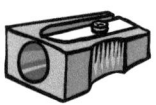

Temperówka
kynänteroitin

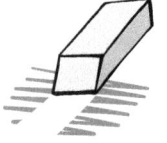

Gumka do mazania
pyyhekumi

Blok rysunkowy
piirustuslehtiö

Rysunek

piirustus

Pędzel

pensseli

Pudełko z akwarelami

vesivärit

Nożyce

sakset

Klej

liima

Książka do ćwiczenia

harjoituskirja

Zadanie domowe

kotitehtävä

Liczba

luku

dodawać

lisätä

odejmować

vähentää

mnożyć

kertoa

liczyć

laskea

Litera

kirjain

Alfabet

aakkoset

Słowo

sana

Tekst

teksti

czytać

lukea

Kreda

liitu

Godzina

oppitunti

Dziennik lekcyjny

opettajan muistikirja

Egzamin

koe

Świadectwo

todistus

Mundurek szkolny

koulupuku

Wykształcenie

koulutus

Leksykon

sanakirja

Uniwersytet

yliopisto

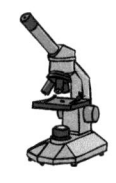

Mikroskop

mikroskooppi

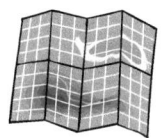

Mapa

kartta

Kosz na odpadki

roskakori

Podróż
matka

Hotel
hotelli
Grand
Schronisko
retkeilymaja
ROOMS
Kantor wymiany walut
rahanvaihto
CHANGE
Walizka
matkalaukku
Auto
auto

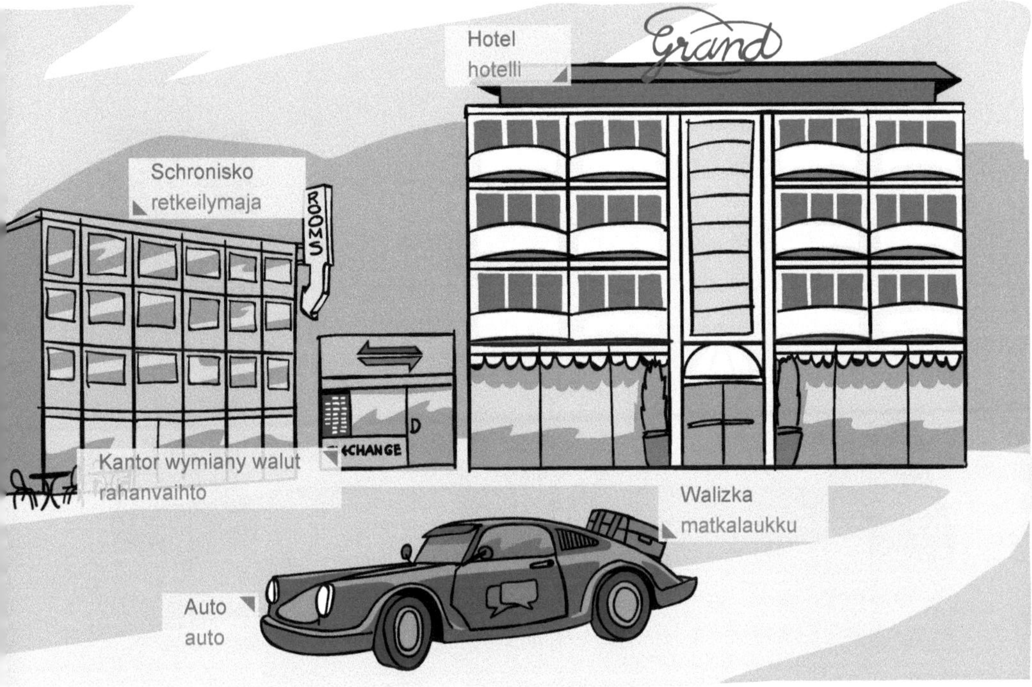

Język

kieli

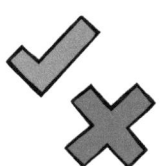

tak / nie

kyllä / ei

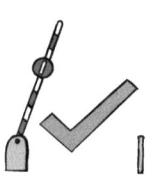

OK

selvä

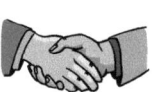

Halo

hei

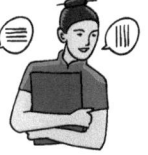

Tłumacz

tulkki

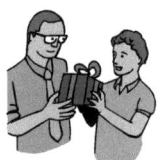

Dziękuję

kiitos

Ile kosztuje ...?

Paljonko...maksaa?

Nie rozumiem

en ymmärrä

Problem

ongelma

Dobry wieczór!

Hyvää iltaa!

Dzień dobry!

Hyvää huomenta!

Dobranoc!

Hyvää yötä!

Do widzenia

näkemiin

Kierunek

suunta

Bagaż

matkatavarat

Torba

laukku

Plecak

reppu

Gość

vieras

Pokój

huone

Śpiwór

makuupussi

Namiot

teltta

Informacja turystyczna

turisti-info

Plaża

ranta

Karta kredytowa

luottokortti

Śniadanie

aamupala

Obiad

lounas

Kolacja

päivällinen

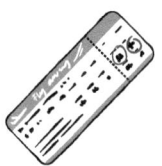

Bilet

matkalippu

Winda

hissi

Znaczek na list

postimerkki

Granica

raja

Cło

tulli

Ambasada

suurlähetystö

Wiza

viisumi

Paszport

passi

Transport
kuljetus

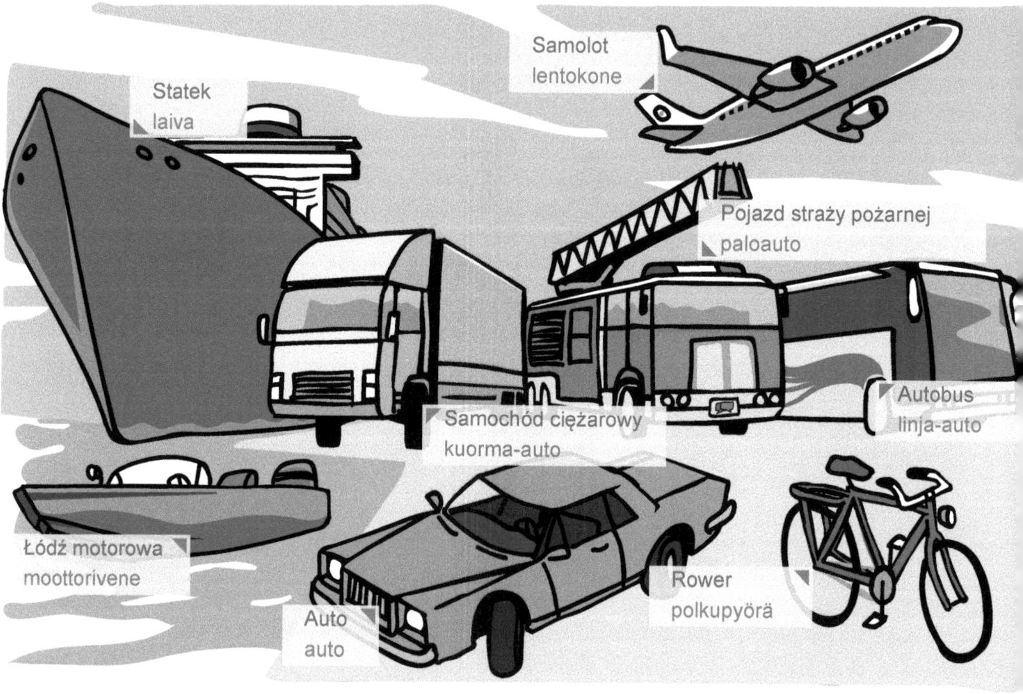
Samolot
lentokone
Statek
laiva
Pojazd straży pożarnej
paloauto
Autobus
linja-auto
Samochód ciężarowy
kuorma-auto
Łódź motorowa
moottorivene
Rower
polkupyörä
Auto
auto

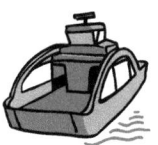

Prom

lautta

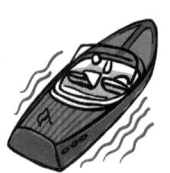

Łódź

vene

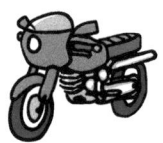

Motocykl

moottoripyörä

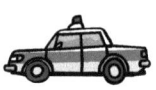

Radiowóz policyjny

poliisiauto

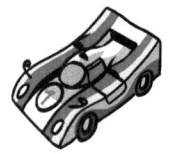

Samochód wyścigowy

kilpa-auto

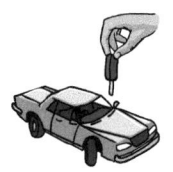

Samochód wypożyczony

vuokra-auto

Wspólne przejazdy
samochodem
....
car sharing

Samochód pomocy
drogowej
....
hinausauto

Śmieciarka
....
roska-auto

Silnik
....
moottori

Benzyna
....
polttoaine

Stacja benzynowa
....
huoltoasema

Znak drogowy
....
liikennemerkki

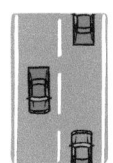

Ruch
....
liikenne

Korek
....
ruuhka

Parking
....
parkkipaikka

Dworzec
....
rautatieasema

Szyny
....
raiteet

Pociąg
....
juna

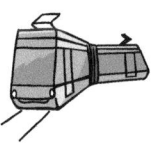

Tramwaj
....
raitiovaunu

Wagon
....
vaunu

Helikopter

helikopteri

Lotnisko

lentokenttä

Wieża

lähilennonjohto

Pasażer

matkustaja

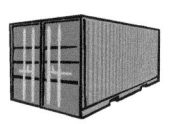

Kontener

kontti

Karton

pahvilaatikko

Taczka

kärryt

Kosz

kori

startować / lądować

nousta / laskea

Miasto
kaupunki

Wieś

kylä

Centrum miasta

keskusta

Dom

talo

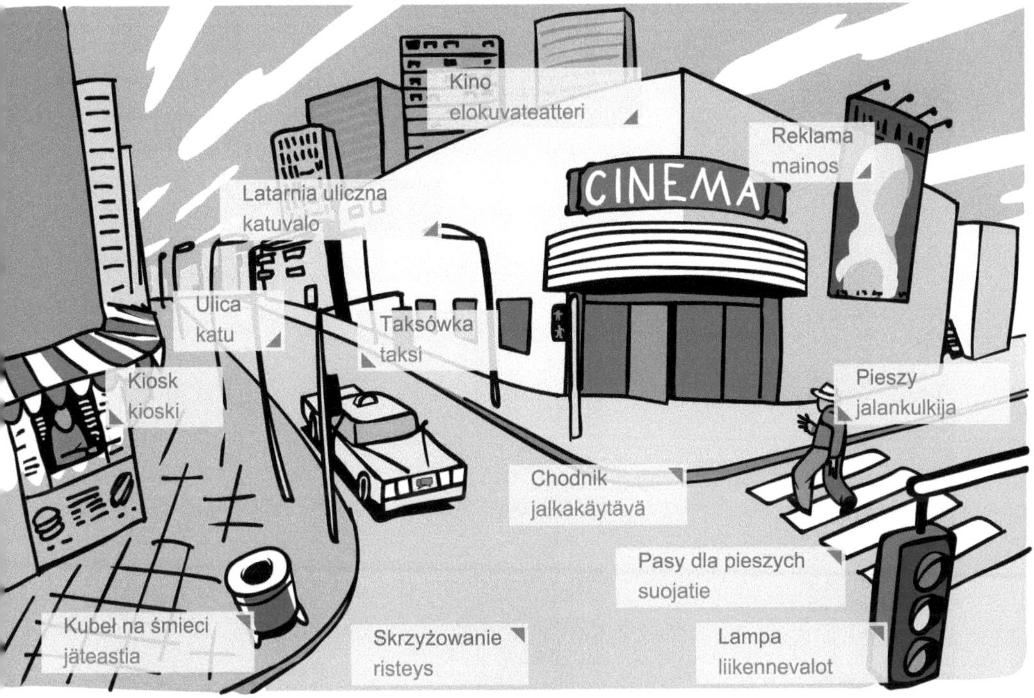
Kino
elokuvateatteri
Reklama
mainos
CINEMA
Latarnia uliczna
katuvalo
Ulica
katu
Taksówka
taksi
Kiosk
kioski
Pieszy
jalankulkija
Chodnik
jalkakäytävä
Pasy dla pieszych
suojatie
Kubeł na śmieci
jäteastia
Skrzyżowanie
risteys
Lampa
liikennevalot

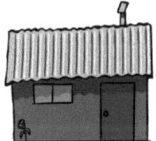

Chata

mökki

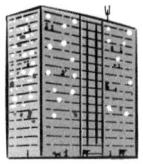

Mieszkanie

kerrostalo

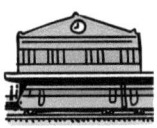

Dworzec

rautatieasema

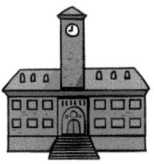

Ratusz

kaupungintalo

MUSEUM

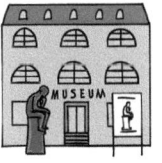

Muzeum

museo

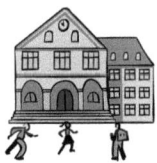

Szkoła

koulu

Uniwersytet

yliopisto

Bank

pankki

Szpital

sairaala

Hotel

hotelli

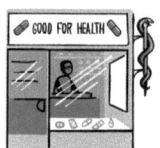

Apteka

apteekki

Biuro

toimisto

Księgarnia

kirjakauppa

Sklep

liike

Kwiaciarnia

kukkakauppa

Supermarket

supermarketti

Rynek

tori

Dom towarowy

tavaratalo

Sklep z rybami

kalakauppias

Centrum handlowe

ostoskeskus

Port

satama

Park

puisto

Ławka

penkki

Most

silta

Schody

portaat

Metro

metro

Tunel

tunneli

Przystanek autobusowy

linja-autopysäkki

Bar

baari

Restauracja

ravintola

Skrzynka na listy

postilaatikko

Tabliczka z nazwą ulicy

katukyltti

Parkometr

parkkimittari

Zoo

eläintarha

Łaźnia

uimala

Meczet

moskeija

Gospodarstwo chłopskie

maatila

Zanieczyszczenie
środowiska

ympäristön saastuminen

Cmentarz

hautausmaa

Kościół

kirkko

Plac zabaw

leikkikenttä

Świątynia

temppeli

Krajobraz

maisema

Liść
lehti

Drogowskaz
tienviitta

Droga
tie

Łąka
niitty

Kamień
kivi

Drzewo
puu

Wędrowiec
retkeilijä

Rzeka
joki

Trawa
ruoho

Kwiat
kukka

Dolina

laakso

Góra

vuori

Jezioro

järvi

Las

metsä

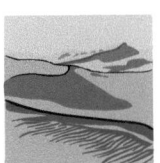

Pustynia

aavikko

Wulkan

tulivuori

Zamek

linna

Tęcza

sateenkaari

Grzyb

sieni

Palma

palmu

Komar

hyttynen

Mucha

kärpänen

Mrówka

muurahainen

Pszczoła

mehiläinen

Pająk

hämähäkki

Chrząszcz

kovakuoriainen

Żaba

sammakko

Wiewiórka

orava

Jeż

siili

Zając

jänis

Sowa

pöllö

Ptak

lintu

Łabędź

joutsen

Dzik

villisika

Jeleń

peura

Łoś

hirvi

Tama

pato

Wiatrak

tuulimylly

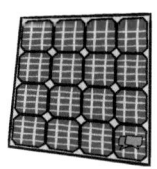

Moduł solarny

aurinkopaneeli

Klimat

ilmasto

Restauracja
ravintola

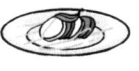

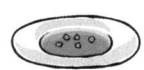

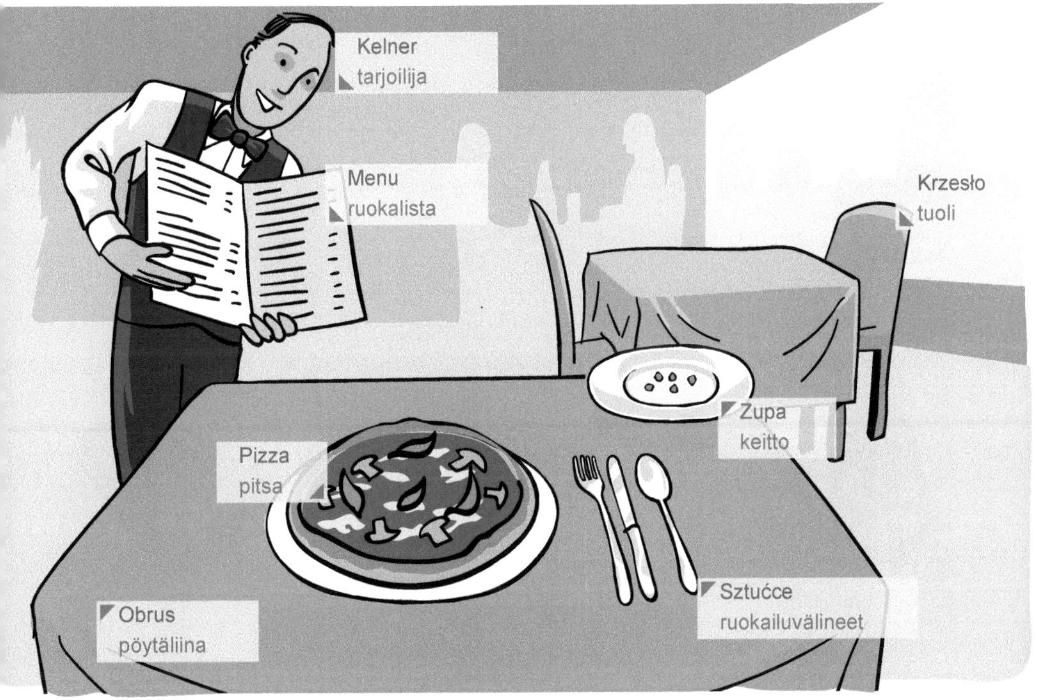

Kelner
tarjoilija
Menu
ruokalista
Krzesło
tuoli
Zupa
keitto
Pizza
pitsa
Sztućce
ruokailuvälineet
Obrus
pöytäliina

Przystawka

alkuruoka

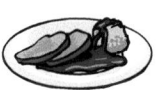

Danie główne

pääruoka

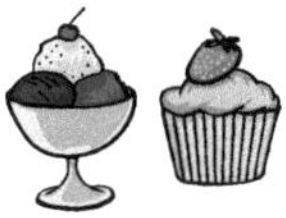

Deser

jälkiruoka

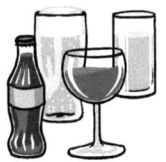

Napoje

juomat

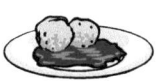

Jedzenie

ruoka

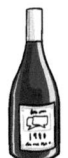

Butelka

pullo

Fastfood

pikaruoka

Streetfood

katuruoka

Dzbanek na herbatę

teekannu

Cukierniczka

sokeriastia

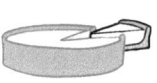

Porcja

annos

Zaparzarka do espresso

espressokeitin

Krzesło dla dziecka

syöttötuoli

Rachunek

lasku

Taca

tarjotin

Noż

veitsi

Widelec

haarukka

Łyżka

lusikka

Łyżeczka

teelusikka

Serwetka

servietti

Szklanka

lasi

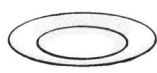

Talerz
lautanen

Talerz do zupy
syvä lautanen

Podstawek pod filiżankę
aluslautanen

Sos
kastike

Solniczka
suolasirotin

Młynek do pieprzu
pippurimylly

Ocet
etikka

Olej
öljy

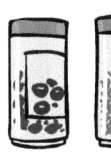

Przyprawy
mausteet

Keczup
ketsuppi

Musztarda
sinappi

Majonez
majoneesi

Supermarket

supermarketti

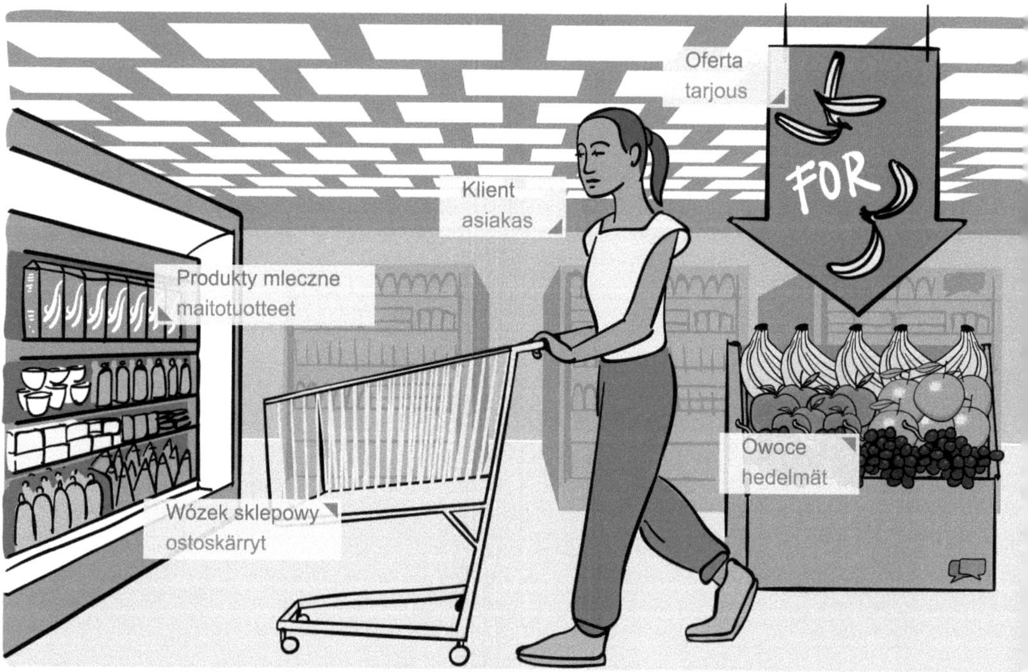

Oferta
tarjous
FOR
Klient
asiakas
Produkty mleczne
maitotuotteet
Owoce
hedelmät
Wózek sklepowy
ostoskärryt

BUTCHERS

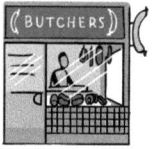

Rzeźnia

teurastamo

BAKERY

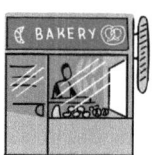

Piekarnia

leipomo

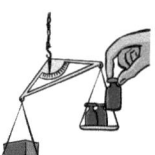

ważyć

punnita

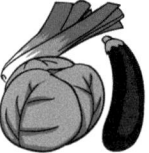

Warzywa

kasvikset

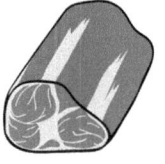

Mięso

liha

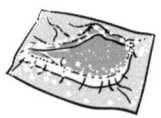

Mrożonki

pakasteet

Wędliny

leikkele

Konserwy

säilykkeet

Proszek m do prania

pesujauhe

Słodycze

makeiset

Artykuły użytku domowego

kotitaloustarvikkeet

Środek czyszczący

puhdistusaineet

Sprzedawczyni

myyjä

Kasa

kassa

Kasjer

kassanhoitaja

Lista zakupów

ostoslista

Godziny otwarcia

aukioloajat

Portfel

lompakko

Karta kredytowa

luottokortti

Torba

kassi

Torebka plastikowa

muovipussi

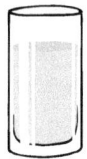

Woda

vesi

Sok

mehu

Mleko

maito

Cola

kokis

Wino

viini

Piwo

olut

Alkohol

alkoholi

Kakao

kaakao

Herbata

tee

Kawa

kahvi

Espresso

espresso

Cappuccino

cappuccino

Banan

banaani

Jabłko

omena

Pomarańcza

appelsiini

Arbuz

meloni

Cytryna

sitruuna

Marchew

porkkana

Czosnek

valkosipuli

Bambus

bambu

Cebula

sipuli

Grzyb

sieni

Orzechy

pähkinät

Makaron

spagetti

Spaghetti

spagetti

Ryż

riisi

Sałatka

salaatti

Frytki

ranskalaiset

Ziemniaki pieczone

paistetut perunat

Pizza

pitsa

Hamburger

hampurilainen

Kanapka

voileipä

Sznycel

leike

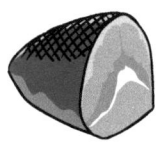

Szynka

kinkku

Salami

salami

Kiełbasa

makkara

Kura

kana

Pieczeń

paisti

Ryba

kala

Płatki owsiane

kaurahiutaleet

Musli

mysli

Płatki kukurydziane

murot

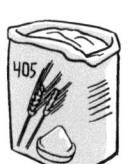

Mąka

jauho

Croissant

voisarvi

Bułka

sämpylä

Chleb

leipä

Toast

paahtoleipä

Ciastka

keksit

Masło

voi

Twarożek

rahka

Ciasto

kakku

Jajko

kananmuna

Jajko sadzone

paistettu kananmuna

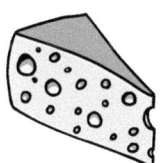

Ser

juusto

Lody

jäätelö

Cukier

sokeri

Miód

hunaja

Marmolada

hillo

Krem nugatowy

suklaapähkinälevite

Curry

curry

Gospodarstwo chłopskie

maatila

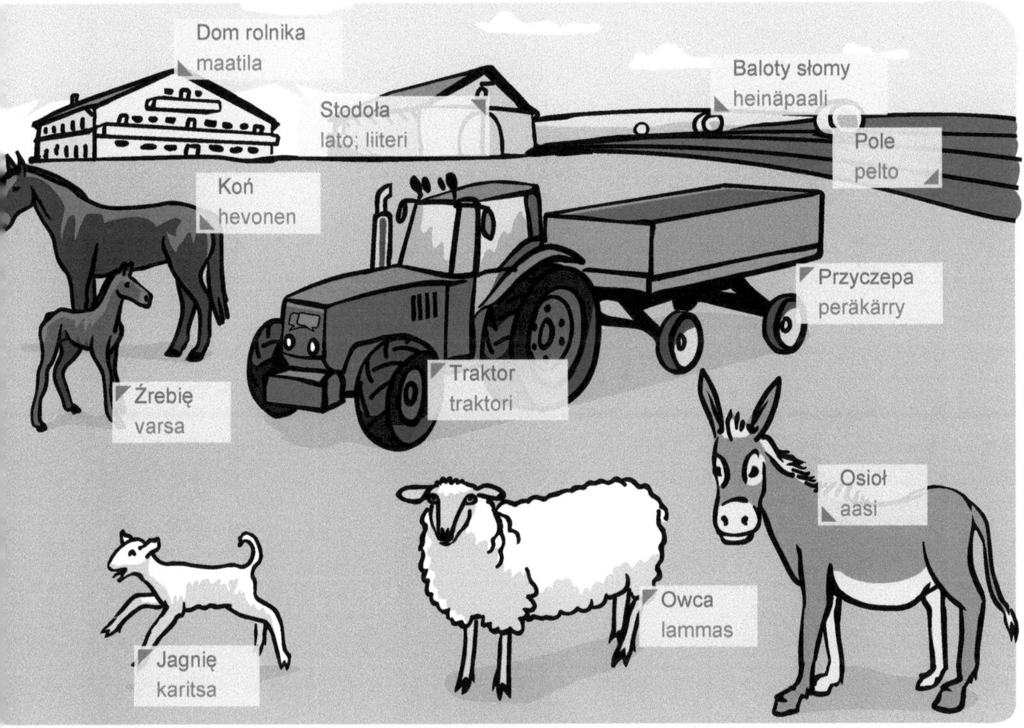

Dom rolnika
maatila
Stodoła
lato; liiteri
Baloty słomy
heinäpaali
Pole
pelto
Koń
hevonen
Przyczepa
peräkärry
Traktor
traktori
Źrebię
varsa
Osioł
aasi
Owca
lammas
Jagnię
karitsa

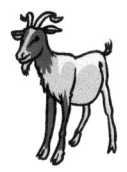

Koza

vuohi

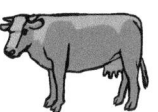

Krowa

lehmä

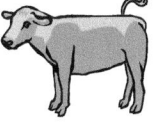

Cielę

vasikka

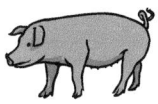

Świnia

sika

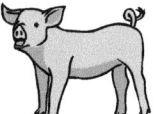

Prosię

porsas

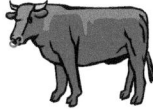

Byk

sonni

Gęś

hanhi

Kaczka

ankka

Kurczątko

tipu

Kura

kana

Kogut

kukko

Szczur

rotta

Kot

kissa

Mysz

hiiri

Osioł

härkä

Pies

koira

Buda dla psa

koirankoppi

Wąż ogrodowy

puutarhaletku

Konewka

kastelukannu

Kosa

viikate

Pług

aura

Sierp

sirppi

Graca

kuokka

Widły

talikko

Siekiera

kirves

Taczka

kottikärryt

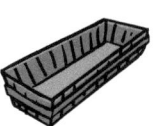

Koryto

kaukalo

Kanka na mleko

maitokannu

Worek

säkki

Płot

aita

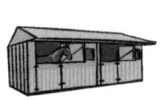

Stajnia

talli

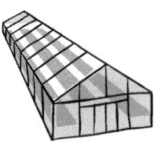

Szklarnia

kasvihuone

Ziemia

maa

Nasiona

siemen

Nawóz

lannoite

Kombajn zbożowy

leikkuupuimuri

zbierać

kerätä sato

Żniwa

sato

Podchrzyn

jamssit

Pszenica

vehnä

Soja

soija

Ziemniak

peruna

Kukurydza

maissi

Rzepak

rypsi

Drzewo owocowe

hedelmäpuu

Maniok

maniokki

Zboże

vilja

Dom
talo

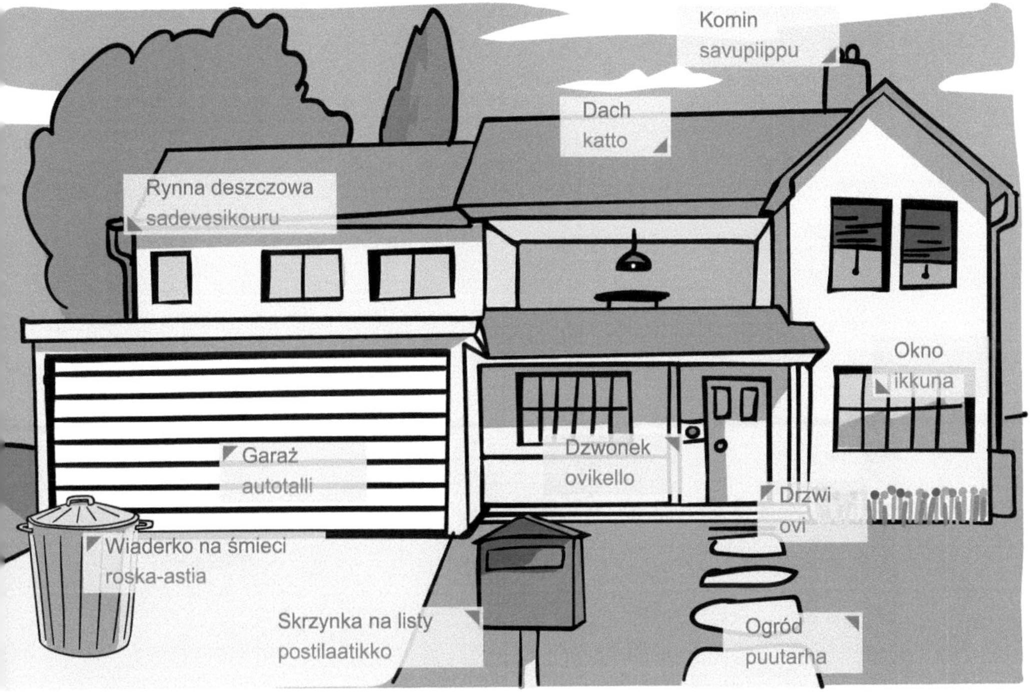

Komin
savupiippu
Dach
katto
Rynna deszczowa
sadevesikouru
Okno
ikkuna
Garaż
autotalli
Dzwonek
ovikello
Drzwi
ovi
Wiaderko na śmieci
roska-astia
Skrzynka na listy
postilaatikko
Ogród
puutarha

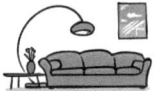

Pokój dzienny

olohuone

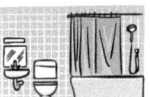

Łazienka

kylpyhuone

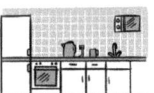

Kuchnia

keittiö

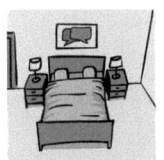

Sypialnia

makuuhuone

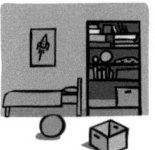

Pokój dziecięcy

lastenhuone

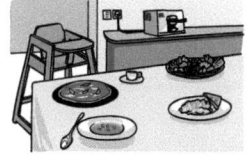

Jadalnia

ruokahuone

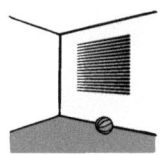

Ziemia

lattia

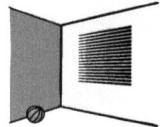

Ściana

seinä

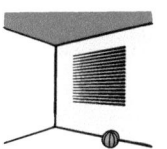

Koc

katto

Piwnica

kellari

Sauna

sauna

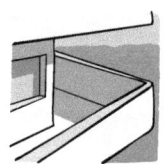

Balkon

parveke

Taras

terassi

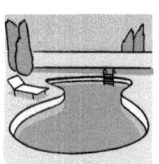

Basen

uima-allas

Kosiarka do trawy

ruohonleikkuri

Poszwa

lakana

Kołdra

päiväpeitto

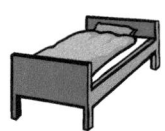

Łóżko

sänky

Miotła

harja

Wiadro

ämpäri

Włącznik

katkaisin

Pokój dzienny
olohuone

Tapeta
tapetti
Obraz
kuva
Lampa
lamppu
Regał
hylly
Szafa
kaappi
Telewizor
televisio
Komin
takka
Kwiat
kukka
Poduszka
tyyny
Kanapa
sohva
Wazon
maljakko
Pilot
kaukosäädin

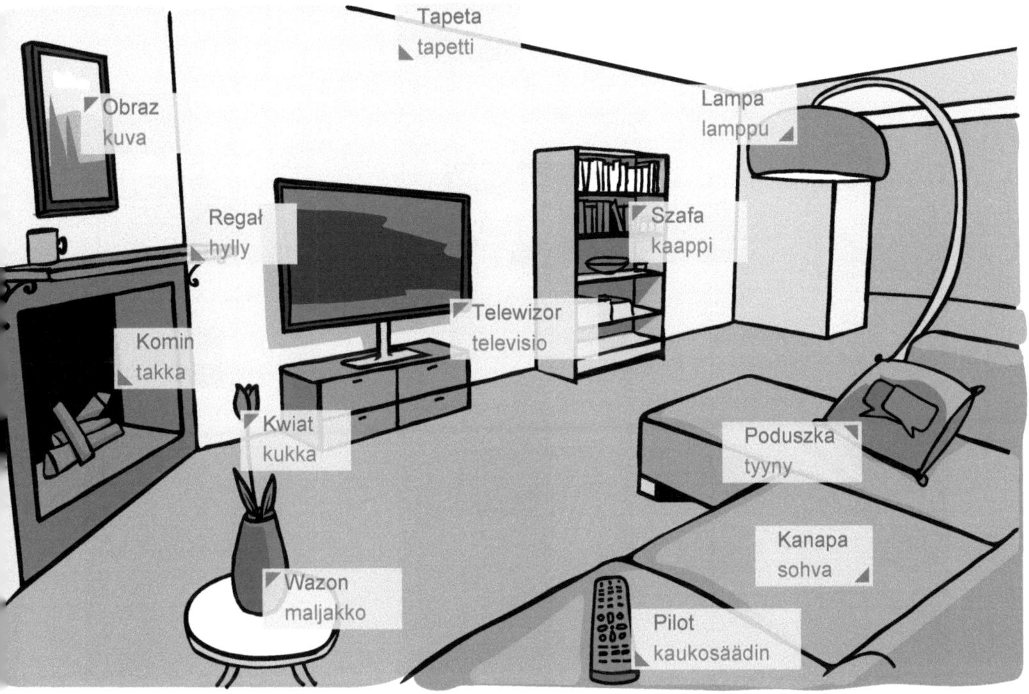

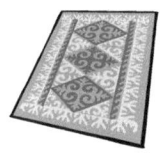

Dywan
matto

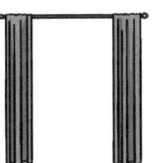

Zasłona
verho

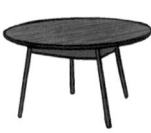

Stół
pöytä

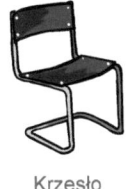

Krzesło
tuoli

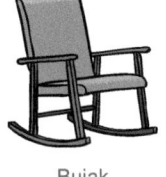

Bujak
keinutuoli

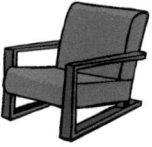

Fotel
nojatuoli

Książka

kirja

Sufit

peitto

Dekoracja

koriste

Drewno kominkowe

polttopuut

Film

elokuva

Instalacja stereo

stereot

Klucz

avain

Gazeta

sanomalehti

Malunek

maalaus

Plakat

juliste

Radio

radio

Notatnik

muistivihko

Odkurzacz

pölynimuri

Kaktus

kaktus

Świeczka

kynttilä

Kuchnia
keittiö

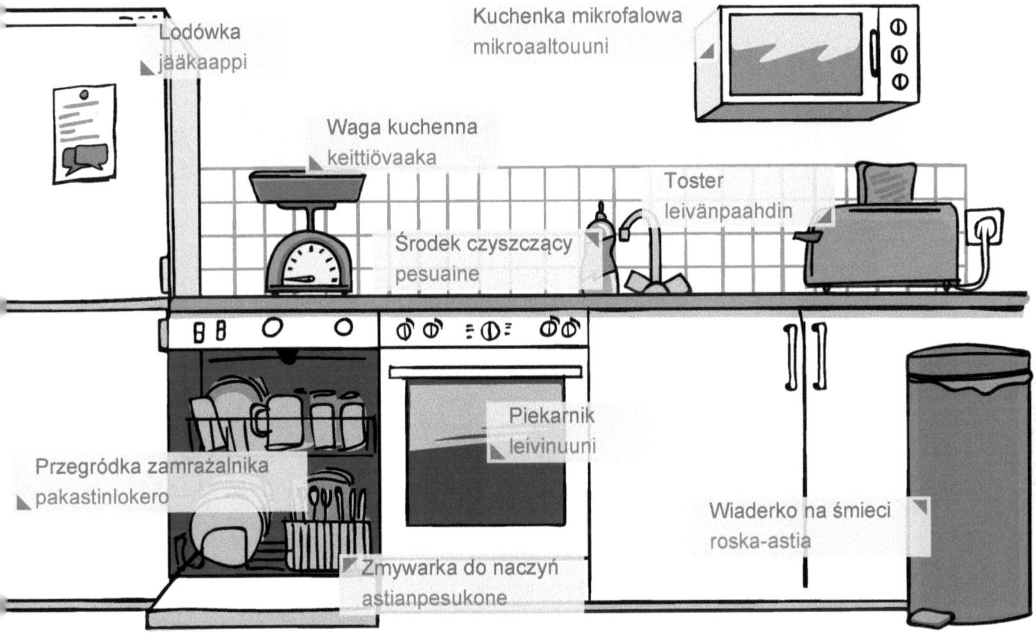
Lodówka
jääkaappi
Kuchenka mikrofalowa
mikroaaltouuni
Waga kuchenna
keittiövaaka
Toster
leivänpaahdin
Środek czyszczący
pesuaine
Piekarnik
leivinuuni
Przegródka zamrażalnika
pakastinlokero
Wiaderko na śmieci
roska-astia
Zmywarka do naczyń
astianpesukone

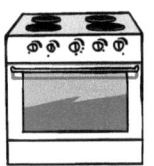

Kuchenka
....
liesi

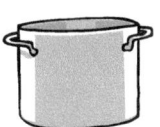

Garnek
....
kattila

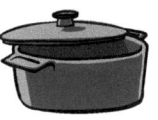

Kocioł żeliwny
....
rautapata

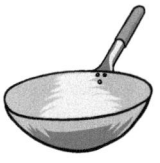

Wok / Kadai
....
vokkipannu / kadai-pannu

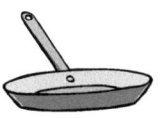

Patelnia
....
paistinpannu

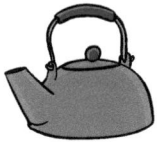

Czajnik
....
teepannu

Parowar

höyrykeitin

Blacha do pieczenia

uunipelti

Naczynia kuchenne

astiat

Kubek

muki

Miska

kulho

Pałeczki

syömäpuikot

Nabierka

kauha

Łopatka do smażenia

paistinlasta

Trzepaczka do śmietany

vispilä

Cedzak

siivilä

Sitko

siivilä

Tarka

raastin

Moździerz

mortteli

Grillowanie

grilli

Palenisko

avotuli

Deska

leikkuulauta

Wałek do ciasta

kaulin

Korkociąg

korkinavaaja

Puszka

purkki

Otwieracz do puszek

purkinavaaja

Ściereczka do trzymania garnka

pannulappu

Umywalka

lavuaari

Szczotka

tiskiharja

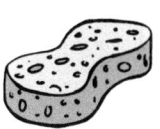

Gąbka

pesusieni

Mikser

tehosekoitin

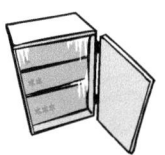

Zamrażarka

pakastin

Butelka dla niemowlęcia

tuttipullo

Kran

vesihana

Łazienka
kylpyhuone

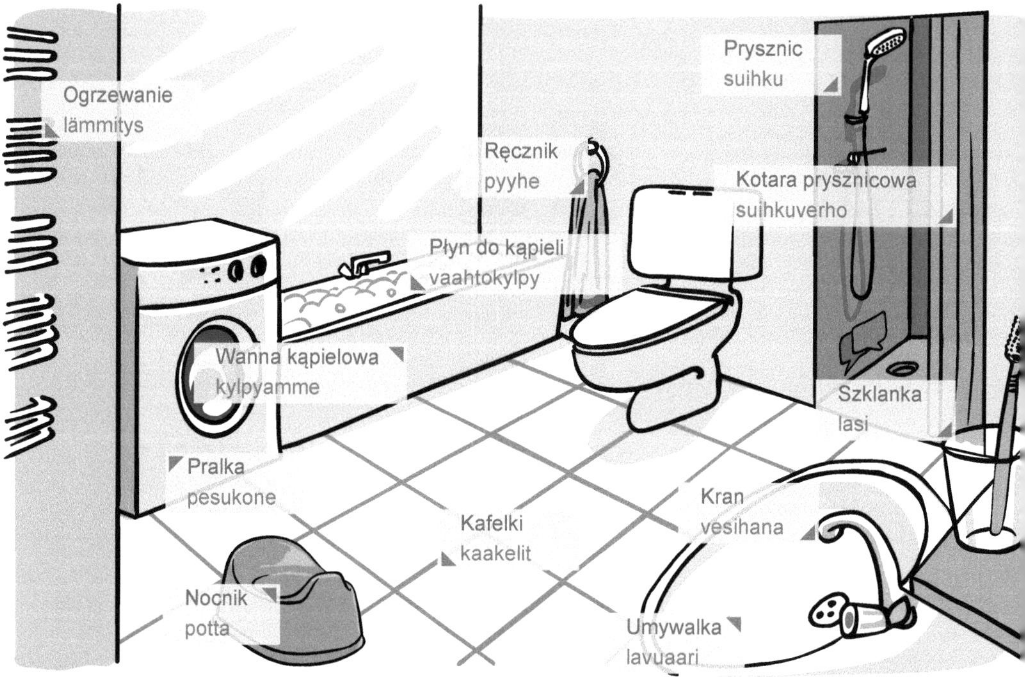

Ogrzewanie
lämmitys
Prysznic
suihku
Ręcznik
pyyhe
Kotara prysznicowa
suihkuverho
Płyn do kąpieli
vaahtokylpy
Wanna kąpielowa
kylpyamme
Szklanka
lasi
Pralka
pesukone
Kran
vesihana
Kafelki
kaakelit
Nocnik
potta
Umywalka
lavuaari

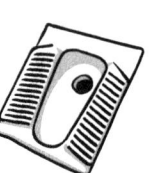

Toaleta
vessa

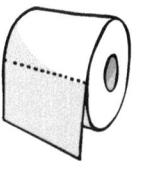

Toaleta kuczna
kyykkyvessa

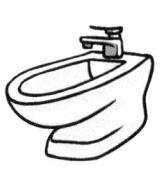

Bidet
bidee

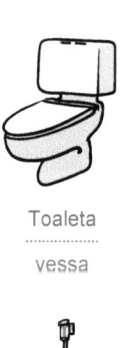

Pisuar
pisuaari

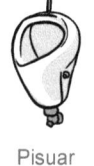

Papier toaletowy
vessapaperi

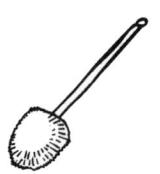

Szczotka toaletowa
vessaharja

Szczoteczka do zębów

hammasharja

Pasta do zębów

hammastahna

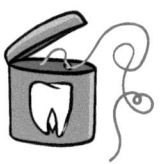

Nitki do czyszczenia zębów

hammaslanka

myć

pestä

Głowica prysznicowa

käsisuihku

Płyn kąpielowy do higieny intymnej

intiimisuihku

Miska do mycia

pesuvati

Szczotka kąpielowa

selkäharja

Mydło

saippua

Żel prysznicowy

suihkugeeli

Szampon

shampoo

Rękawica kąpielowa

pesulappu

Odpływ

viemäri

Krem

voide

Dezodorant

deodorantti

Lustro	Lustro kosmetyczne	Golarka
peili	käsipeili	partaveitsi

Pianka do golenia	Woda po goleniu	Grzebień
partavaahto	partavesi	kampa
		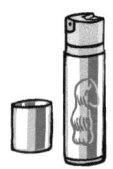
Szczotka	Suszarka do włosów	Spray do włosów
harja	hiustenkuivaaja	hiuslakka

Makijaż	Pomadka	Lakier do paznokci
meikki	huulipuna	kynsilakka

Wata	Nożyczki do paznokci	Perfum
pumpuli	kynsisakset	hajuvesi

Kosmetyczka

kosmetiikkalaukku

Taboret

jakkara

Waga

vaaka

Szlafrok kąpielowy

kylpytakki

Rękawice gumowe

kumihansikkaat

Tampon

tamponi

Podpaska damska

terveysside

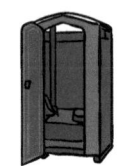

Toaleta chemiczna

kemiallinen wc

Pokój dziecięcy
lastenhuone

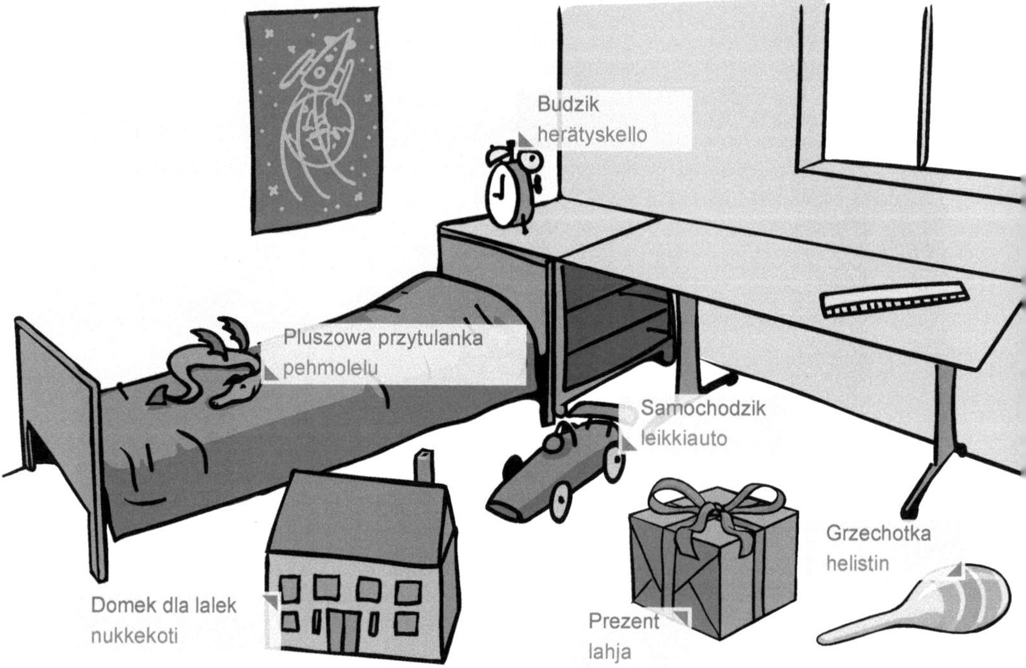
Budzik
herätyskello
Pluszowa przytulanka
pehmolelu
Samochodzik
leikkiauto
Grzechotka
helistin
Domek dla lalek
nukkekoti
Prezent
lahja

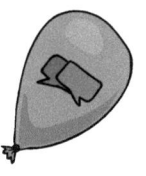

Balon
ilmapallo

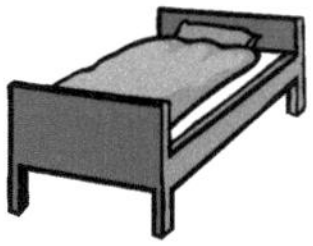

Łóżko
sänky

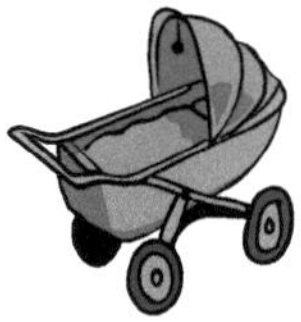

Wózek dziecięcy
lastenvaunut

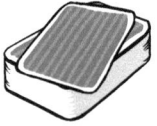

Gra w karty
korttipeli

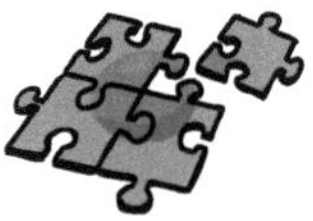

Puzzle
palapeli

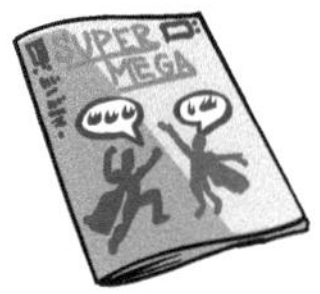

Komiks
sarjakuva

Klocki lego

legopalikat

Klocki

rakennuspalikat

Action figura

supersankari

Śpioszek dziecięcy

potkupuku

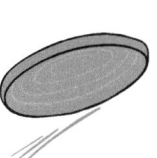

Frisbee

frisbee

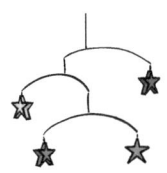

Zabawki ruchome

mobile

Gra planszowa

lautapeli

Kości

noppa

Kolejka elektryczna

pienoisjunarata

Smoczek

tutti

Przyjęcie

juhlat

Książka z ilustracjami

kuvakirja

Piłka

pallo

Lalka

nukke

bawić się

leikkiä

Piaskownica

hiekkalaatikko

Huśtawka

keinu

Zabawki

lelut

Konsola do gier

pelikonsoli

Rowerek trójkołowy

kolmipyörä

Pluszowy miś

nalle

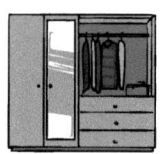

Szafa ubraniowa

vaatekaappi

Ubiór

vaatteet

Skarpety

sukat

Pończochy

nylonsukat

Rajstopy

sukkahousut

Szal
kaulaliina

Parasol
sateenvarjo

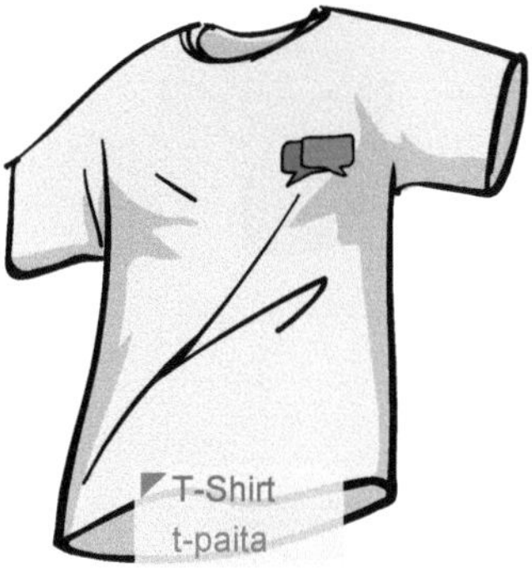

T-Shirt
t-paita

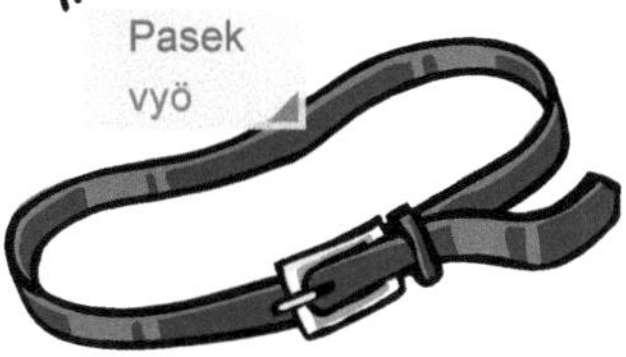

Pasek
vyö

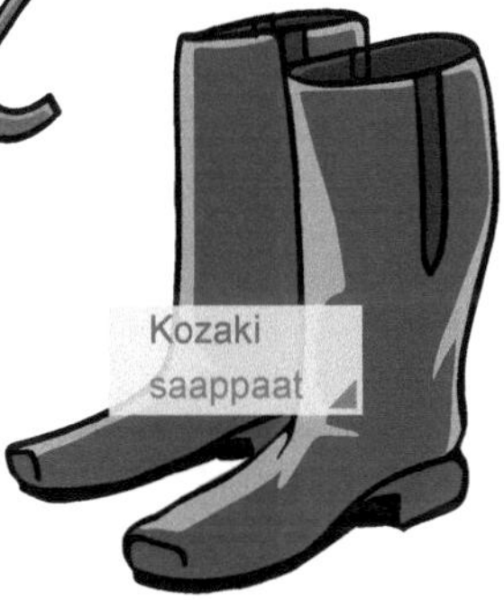

Kozaki
saappaat

Pantofle domowe
sisätossut

Obuwie sportowe
lenkkarit

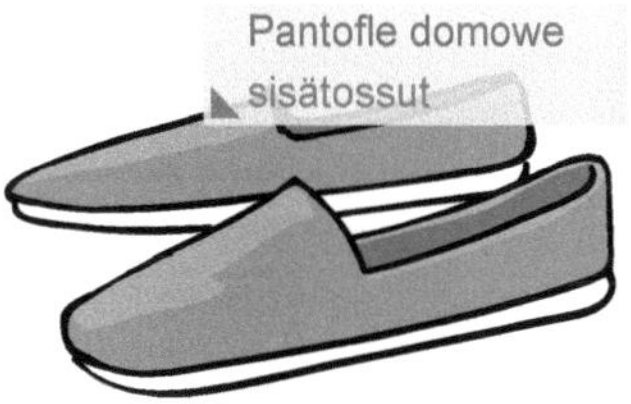

Sandały
sandaalit

Buty
kengät

Kalosze
kumisaappaat

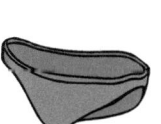

Majtki
alushousut

Biustonosz
rintaliivit

Podkoszulek
aluspaita

Body

body

Spodnie

housut

Dżins

farkut

Spódnica

hame

Bluzka

pusero

Koszula

paita

Pulower

villapaita

Bluza sportowa

collegepaita

Marynarka

jakku

Kurtka

takki

Płaszcz

takki

Płaszcz przeciwdeszczowy

sadetakki

Kostium

puku

Sukienka

mekko

Suknia ślubna

hääpuku

Garnitur męski

puku

Koszula nocna

yöpaita

Piżama

pyjama

Sari

shari

Chusta na głowę

päähuivi

Turban

turbaani

Burka

burka

Kaftan

kaftaani

Abaya

abaya

Strój kąpielowy

uimapuku

Kąpielówki

uimahousut

Krótkie spodnie

shortsit

Dres sportowy

verkkarit

Fartuch

esiliina

Rękawiczki

käsineet

Guzik

nappi

Okulary

silmälasit

Bransoletka

rannekoru

Łańcuszek

kaulakoru

Pierścionek

sormus

Kolczyk

korvakoru

Czapka

lippalakki

Wieszak

ripustin

Kapelusz

hattu

Krawat

solmio

Zamek błyskawiczny

vetoketju

Kask

kypärä

Szelki

henkselit

Mundurek szkolny

koulupuku

Mundur

univormu

Śliniaczek

ruokalappu

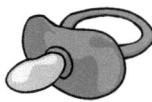

Smoczek

tutti

Pieluszka

vaippa

Biuro
toimisto

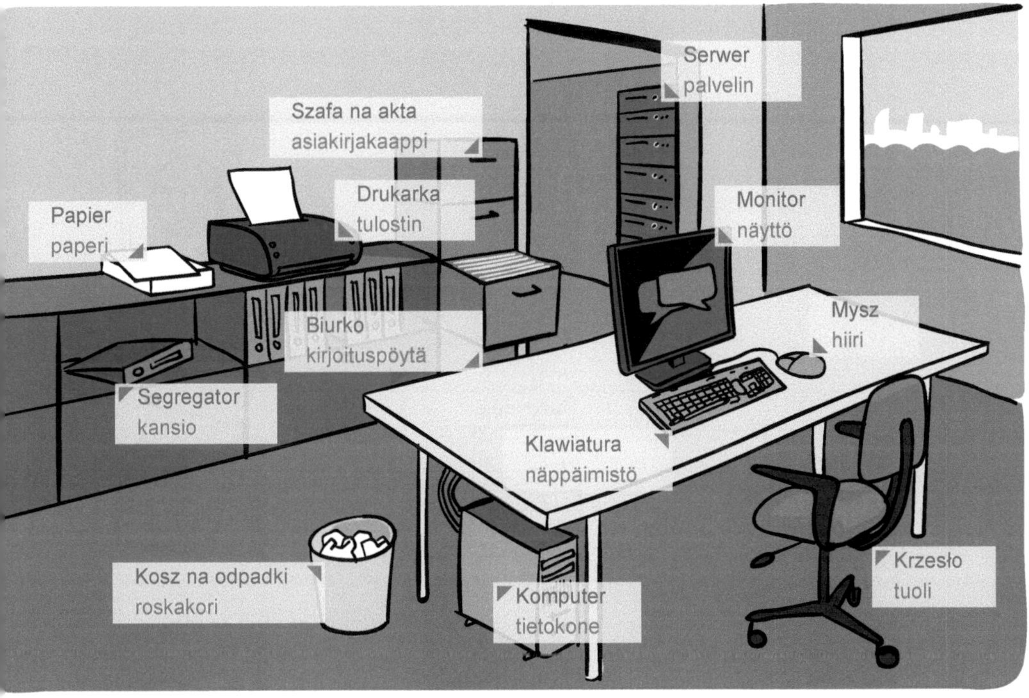

Serwer
palvelin

Szafa na akta
asiakirjakaappi

Drukarka
tulostin

Monitor
näyttö

Papier
paperi

Biurko
kirjoituspöytä

Mysz
hiiri

Segregator
kansio

Klawiatura
näppäimistö

Krzesło
tuoli

Kosz na odpadki
roskakori

Komputer
tietokone

Filiżanka do kawy

kahvimuki

Kalkulator

taskulaskin

Internet

internet

Laptop

kannettava tietokone

List

kirje

Wiadomość

viesti

Komórka

kännykkä

Sieć

verkko

Kopiarka

kopiokone

Oprogramowanie

ohjelmisto

Telefon

puhelin

Gniazdko

pistorasia

Faks

faksi

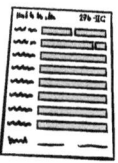

Formularz

lomake

Dokument

asiakirja

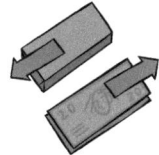

kupić

ostaa

płacić

maksaa

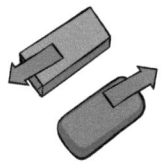

postępować

vaihtaa

Pieniądze

raha

Dolar

dollari

Euro

euro

Jen

jeni

Rubel

rupla

Frank

frangi

Juan Renminbi

renminbi juan

Rupia

rupia

Bankomat

pankkiautomaatti

Kantor wymiany walut

rahanvaihto

Złoto

kulta

Srebro

hopea

Olej

öljy

Energia

energia

Cena

hinta

Umowa

sopimus

Podatek

vero

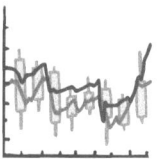

Akcja

osake

pracować

työskennellä

Pracownik umysłowy

työntekijä

Pracodawca

työnantaja

Fabryka

tehdas

Sklep

liike

Zawody
ammatit

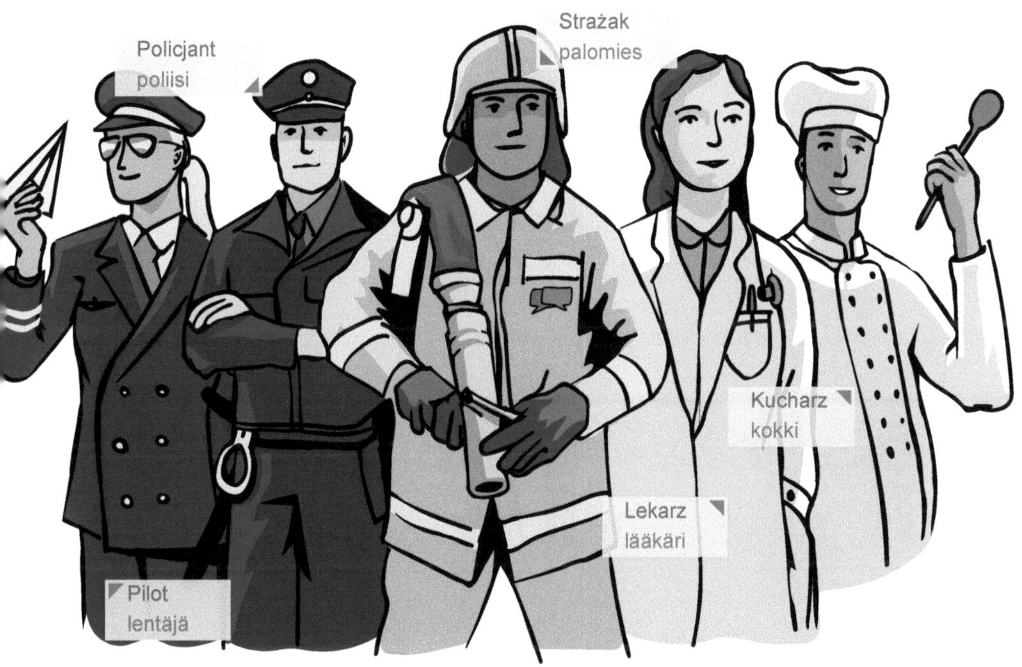
Policjant
poliisi
Strażak
palomies
Kucharz
kokki
Lekarz
lääkäri
Pilot
lentäjä

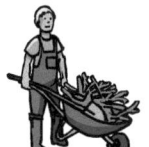

Ogrodnik

puutarhuri

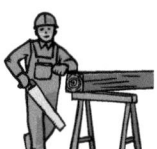

Stolarz

puuseppä

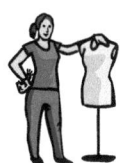

Krawcowa

ompelija

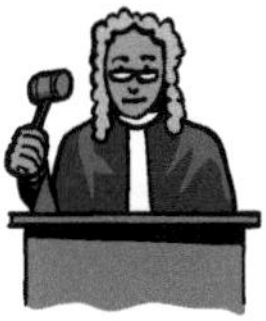

Sędzia

tuomari

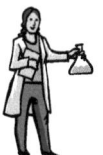

Chemik

kemisti

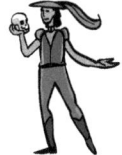

Aktor

näyttelijä

Kierowca autobusu

linja-autonkuljettaja

Taksówkarz

taksinkuljettaja

Fischer

kalastaja

Sprzątaczka

siivooja

Dekarz

katontekijä

Kelner

tarjoilija

Myśliwy

metsästäjä

Malarz

maalari

Piekarz

leipuri

Elektryk

sähköasentaja

Robotnik budowlany

rakentaja

Inżynier

insinööri

Rzeźnik

teurastaja

Instalator

putkiasentaja

Listonosz

postinjakaja

Żołnierz

sotilas

Architekt

arkkitehti

Kasjer

kassanhoitaja

Florysta

floristi

Fryzjer

kampaaja

Konduktor

konduktööri

Mechanik

mekaanikko

Kapitan

kapteeni

Dentysta

hammaslääkäri

Naukowiec

tiedemies

Rabin

rabbi

Imam

imaami

Mnich

munkki

Proboszcz

pappi

Narzędzia
työkalut

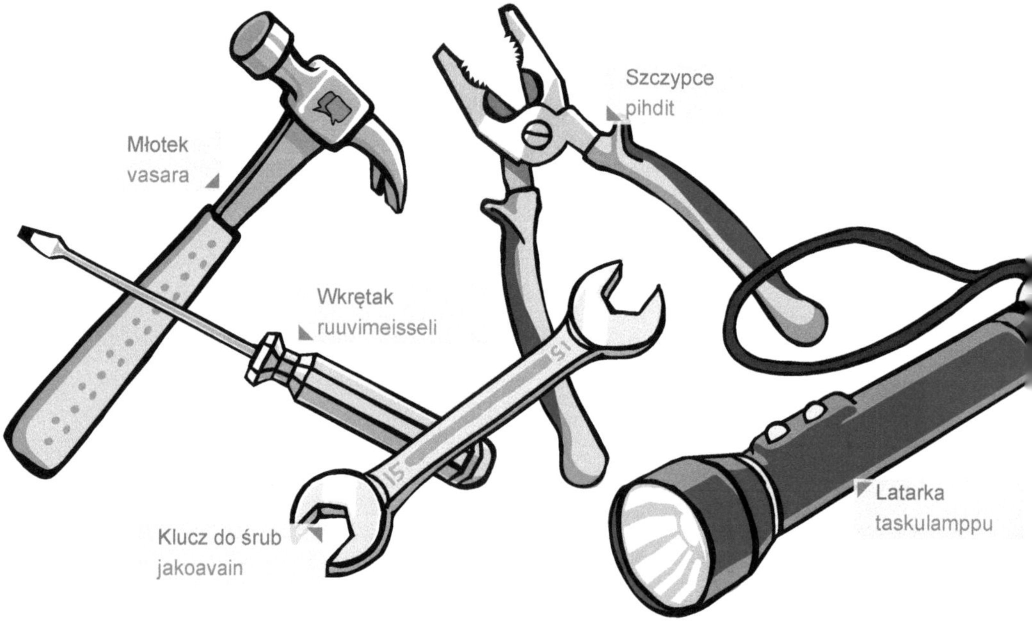
Młotek
vasara
Szczypce
pihdit
Wkrętak
ruuvimeisseli
Klucz do śrub
jakoavain
Latarka
taskulamppu

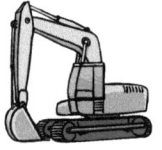

Koparka

kaivinkone

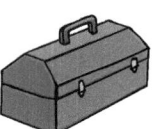

Skrzynka narzędziowa

työkalupakki

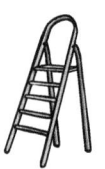

Drabina

tikkaat

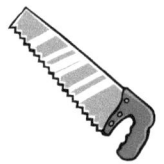

Piła

saha

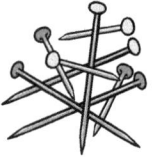

Gwoździe

naulat

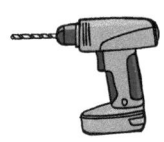

Wiertło

pora

naprawić

korjata

Łopatka

lapio

Cholera!

Hitto!

Szufelka

rikkalapio

Puszka z farbą

maalipurkki

Śruby

ruuvit

Instrumenty muzyczne
soittimet

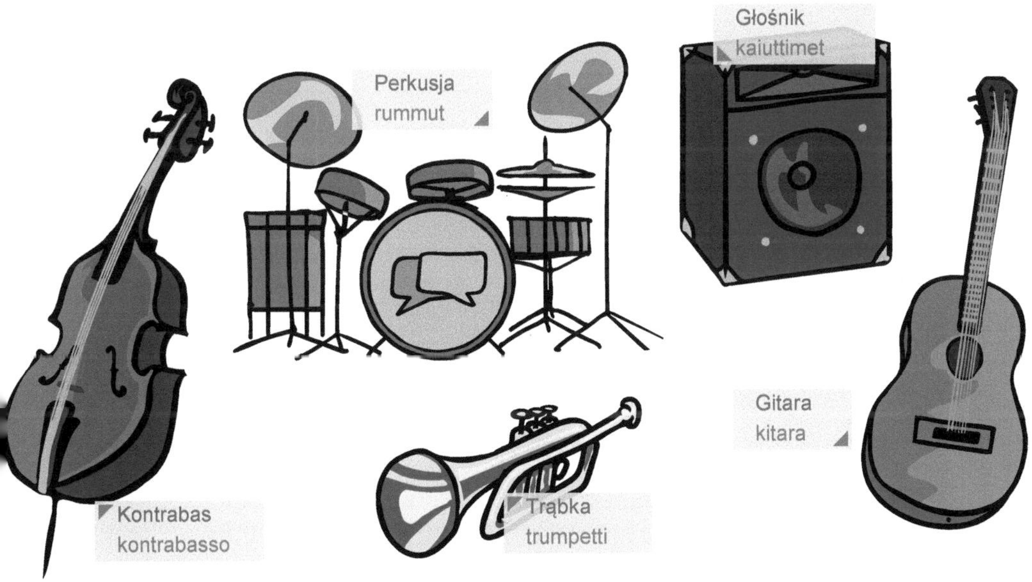

Głośnik
kaiuttimet

Perkusja
rummut

Kontrabas
kontrabasso

Trąbka
trumpetti

Gitara
kitara

Pianino

piano

Skrzypce

viulu

Bas

basso

Kotły

patarummut

Bęben

rumpu

Keyboard

kosketinsoitin

Saksofon

saksofoni

Flet

huilu

Mikrofon

mikrofoni

Zoo
eläintarha

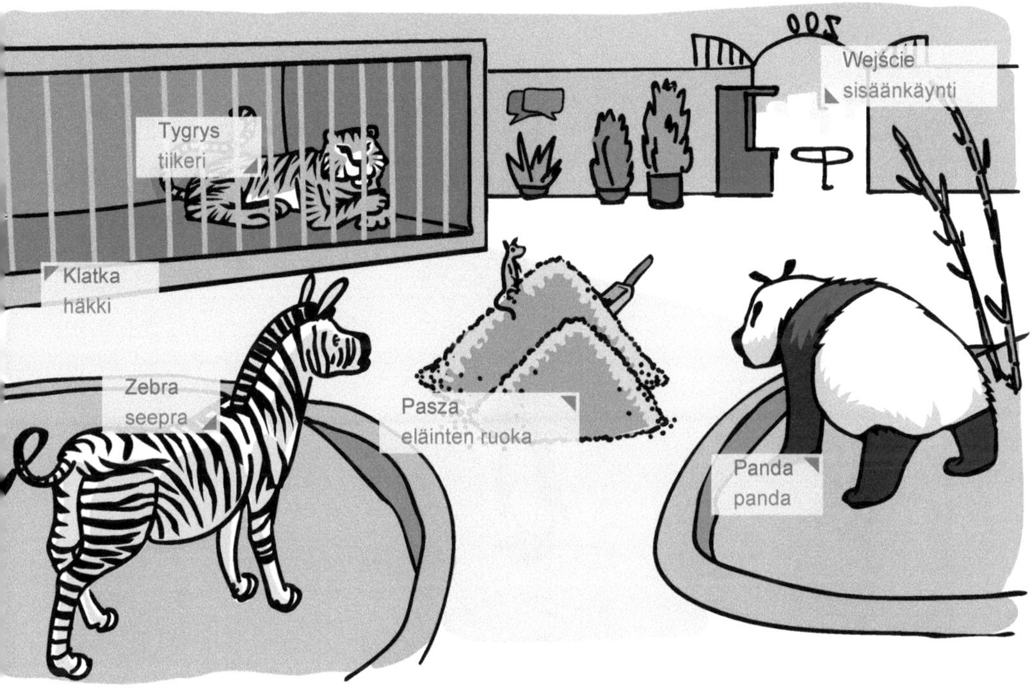
Wejście
sisäänkäynti
Tygrys
tiikeri
Klatka
häkki
Zebra
seepra
Pasza
eläinten ruoka
Panda
panda

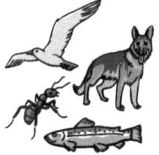

Zwierzęta

eläimet

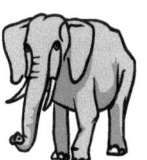

Słoń

norsu

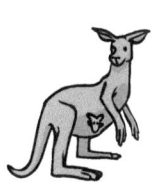

Kangur

kenguru

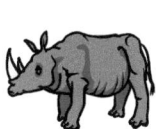

Nosorożec

sarvikuono

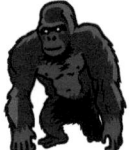

Goryl

gorilla

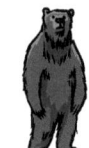

Niedźwiedź

karhu

Wielbłąd

kameli

Struś

strutsi

Lew

leijona

Małpa

apina

Fleming

flamingo

Papuga

papukaija

Niedźwiedź polarny

jääkarhu

Pingwin

pingviini

Rekin

hai

Paw

riikinkukko

Wąż

käärme

Krokodyl

krokotiili

Dozorca w zoo

eläintarhanhoitaja

Foka

hylje

Jaguar

jaguaari

Kucyk

poni

Gepard

leopardi

Hipopotam

virtahepo

Żyrafa

kirahvi

Orzeł

kotka

Dzik

villisika

Ryba

kala

Żółw

kilpikonna

Mors

mursu

Lis

kettu

Gazela

gaselli

Futbol amerykański
amerikkalainen jalkapallo

Kolarstwo
pyöräily

Tenis
tennis

Koszykówka
koripallo

Pływanie
uinti

Boks
nyrkkeily

Hokej na lodzie
jääkiekko

Piłka nożna
jalkapallo

Badminton
sulkapallo

Lekka atletyka
yleisurheilu

Piłka ręczna
käsipallo

Narciarstwo
hiihto

Polo
poolo

Działania
aktiviteetit

śmiać się
nauraa
skakać
hypätä
objąć
halata
iść
kävellä
śpiewać
laulaa
marzyć
unelmoida
modlić się
rukoilla
całować
suudella

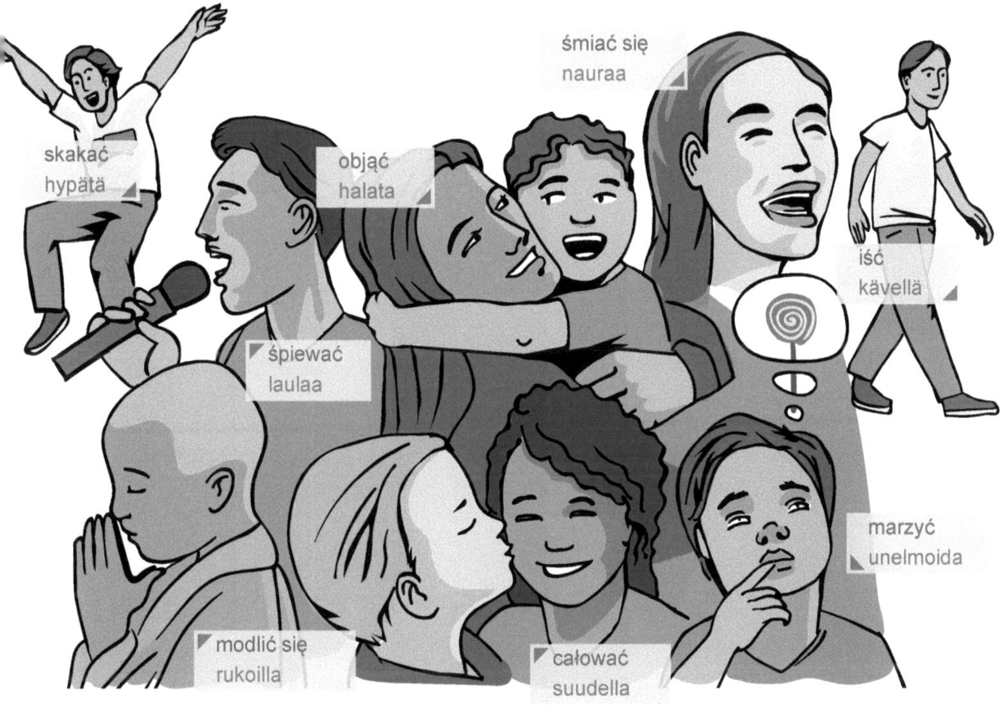

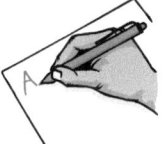

pisać

kirjoittaa

rysować

piirtää

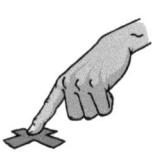

pokazywać

näyttää

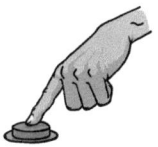

nacisnąć

painaa

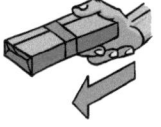

dać

antaa

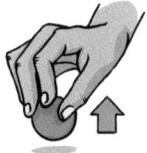

wziąć

ottaa

mieć
omistaa

robić
tehdä

być
olla

stać
seisoa

biegać
juosta

ciągnąć
vetää

rzucać
heittää

spaść
kaatua

leżeć
maata

czekać
odottaa

nosić
kantaa

siedzieć
istua

zakładać
pukeutua

spać
nukkua

budzić się
herätä

spojrzeć

katsoa

płakać

itkeä

głaskać

silittää

czesać się

kammata

mówić

puhua

rozumieć

ymmärtää

pytać

kysyä

słyszeć

kuunnella

pić

juoda

jeść

syödä

sprzątać

siivota

kochać

rakastaa

gotować

keittää

jechać

ajaa

latać

lentää

żeglować

purjehtia

liczyć

laskea

czytać

lukea

uczyć się

oppia

pracować

työskennellä

wejść w związek małżeński

mennä naimisiin

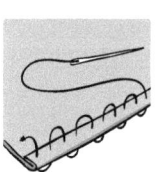

szyć

ommella

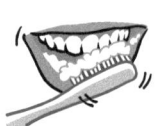

myć zęby

pestä hampaat

zabić

tappaa

palić tytoń

tupakoida

wysłać

lähettää

Rodzina
perhe

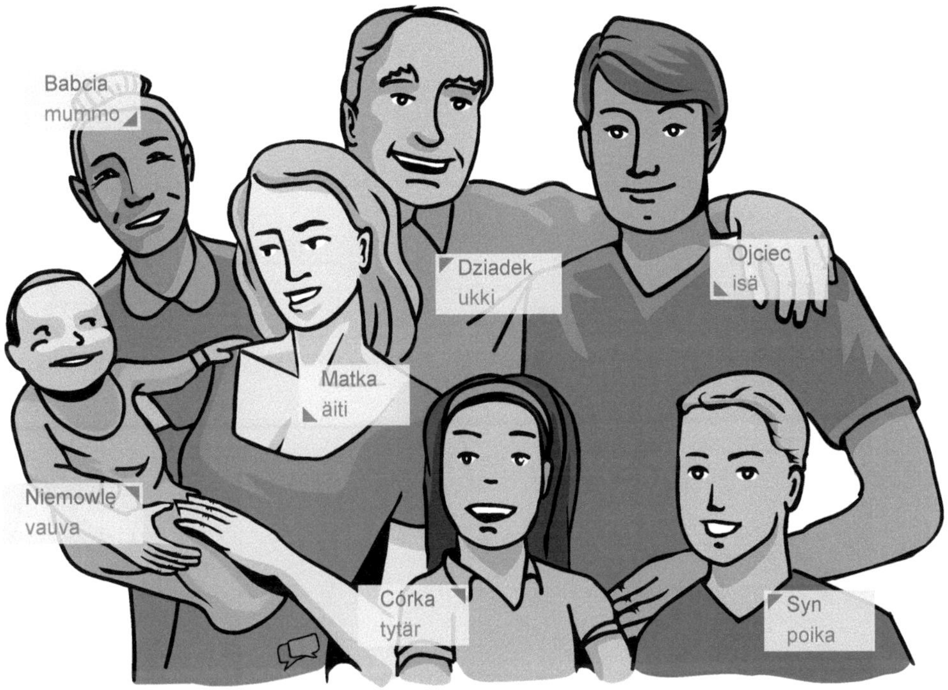

Babcia
mummo
Dziadek
ukki
Ojciec
isä
Matka
äiti
Niemowlę
vauva
Córka
tytär
Syn
poika

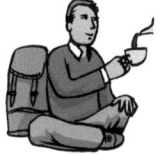

Gość

vieras

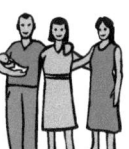

Ciotka

täti

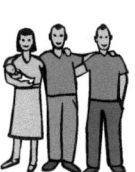

Wujek

setä

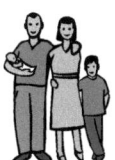

Brat

veli

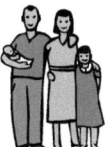

Siostra

sisko

Ciało
vartalo

Czoło
otsa
Oko
silmä
Twarz
kasvot
Broda
leuka
Pierś
rinta
Palec
sormet
Ręka
käsi
Ramię
käsivarsi
Ramię
olkapää
Noga
jalka

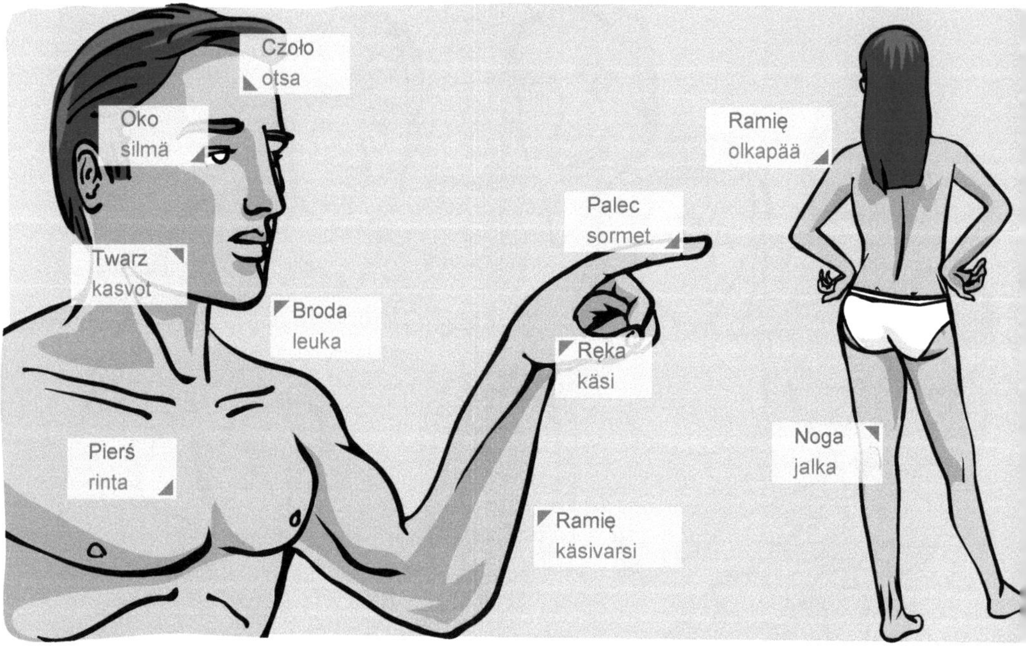

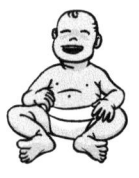

Niemowlę

vauva

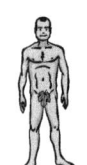

Mężczyzna

mies

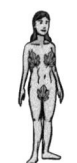

Kobieta

nainen

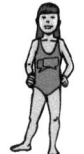

Dziewczyna

tyttö

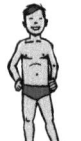

Chłopiec

poika

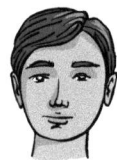

Głowa

pää

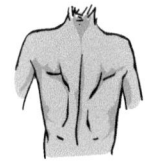

Plecy

selkä

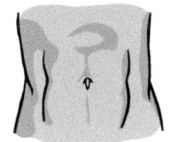

Brzuch

maha

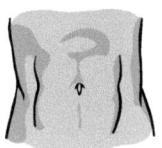

Pępek

napa

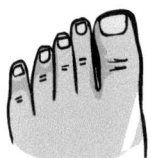

palec nogi

varvas

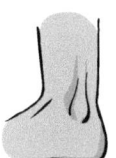

Pięta

kantapää

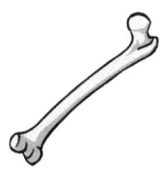

Kość

luu

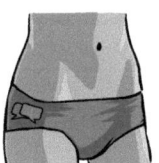

Biodro

lantio

Kolano

polvi

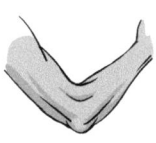

Łokieć

kyynärpää

Nos

nenä

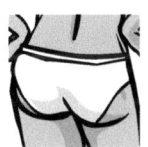

Pośladki

takapuoli

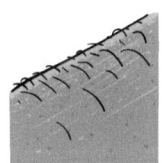

Skóra

iho

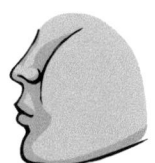

Policzek

poski

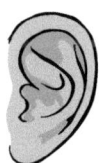

Uszy

korva

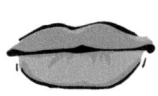

Warga

huuli

Usta

suu

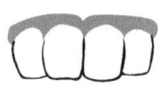

Ząb

hammas

Język

kieli

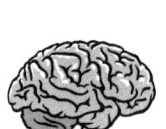

Mózg

aivot

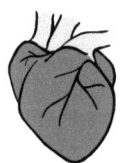

Serce

sydän

Mięsień

lihas

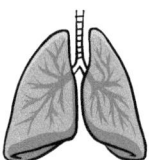

Płuca

keuhkot

Wątroba

maksa

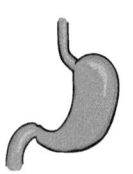

Żołądek

vatsa

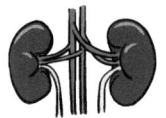

Nerki

munuaiset

Stosunek płciowy

seksi

Kondom

kondomi

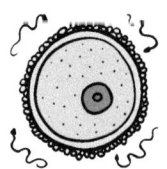

Komórka jajowa

munasolu

Sperma

sperma

Ciąża

raskaus

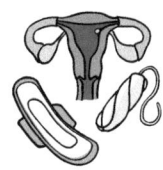

Menstruacja

kuukautiset

Wagina

vagina

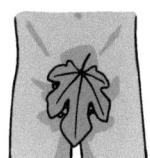

Penis

penis

Brew

kulmakarvat

Włosy

hiukset

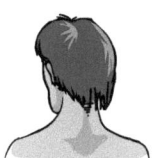

Szyja

niska

Szpital
sairaala

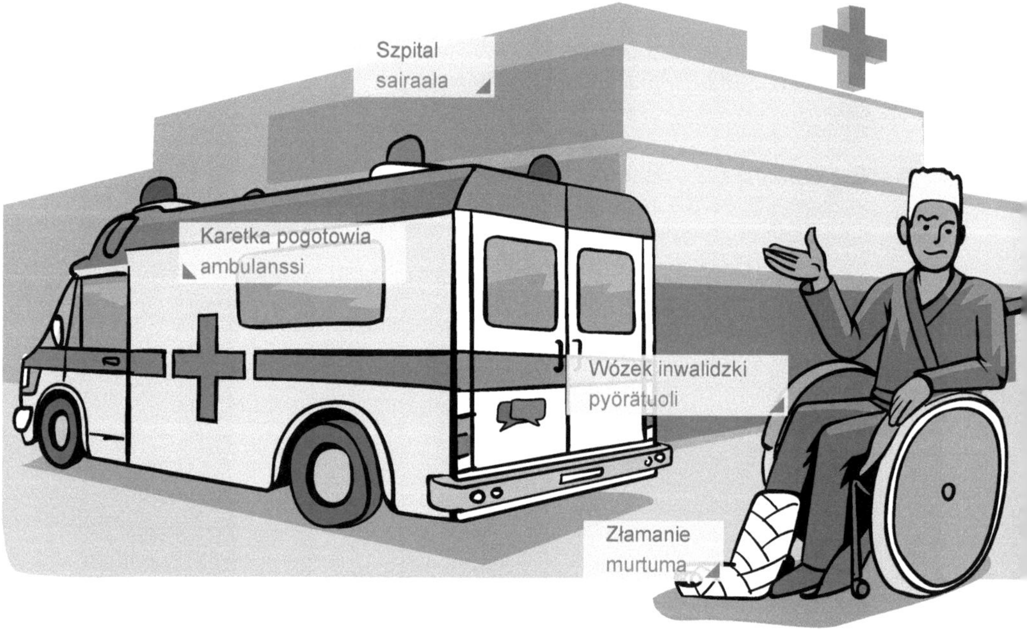

Szpital
sairaala
Karetka pogotowia
ambulanssi
Wózek inwalidzki
pyörätuoli
Złamanie
murtuma

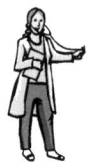

Lekarz

lääkäri

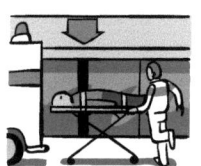

Izba przyjęć

ensiapu

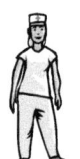

Pielęgniarka

sairaanhoitaja

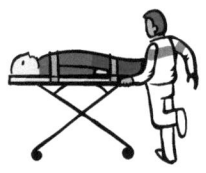

Nagły przypadek

hätätilanne

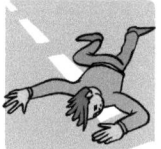

nieprzytomny

tajuton

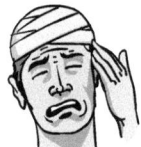

Ból

kipu

Skaleczenie

vamma

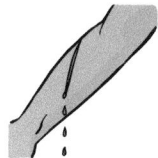

Krwawienie

verenvuoto

Zawał serca

sydänkohtaus

Udar mózgu

aivoinfarkti

Alergia

allergia

Kaszleć

yskä

Gorączka

kuume

Grypa

flunssa

Biegunka

ripuli

Ból głowy

päänsärky

Rak

syöpä

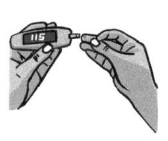

Cukrzyca

diabetes

Chirurg

kirurgi

Skalpel

veitsi

Operacja

leikkaus

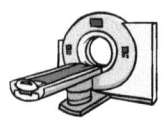

CT

ct

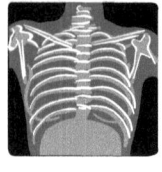

Rentgen

röntgen

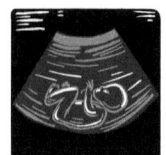

Ultradźwięki

ultraääni

Maska

maski

Choroba

sairaus

Poczekalnia

odotushuone

Kula

sauva

Plaster

laastari

Opatrunek

side

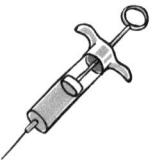

Iniekcja

pistos

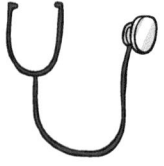

Stetoskop

stetoskooppi

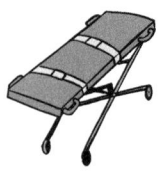

Nosze

paarit

Termometr

kuumemittari

Poród

syntymä

Nadwaga

ylipaino

Aparat słuchowy

kuulolaite

Środek dezynfekcyjny

desinfiointiaine

Infekcja

infektio

Wirus

virus

HIV / AIDS

HIV / AIDS

Medycyna

lääke

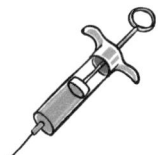

Szczepienie

rokotus

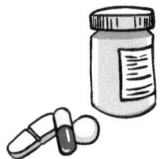

Tabletki

tabletit

Pigułka

pilleri

Telefon ratunkowy

hätäpuhelu

Ciśnieniomierz krwi

verenpainemittari

chory / zdrowy

sairas / terve

Pomocy! Apua!	 Alarm hälytys	 Napad ryöstö
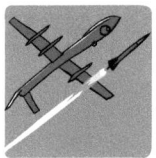 Atak hyökkäys	 Niebezpieczeństwo vaara	 Wyjście awaryjne hätäuloskäynti
Pożar! Tulipalo!	 Gaśnica palosammutin	 Wypadek onnettomuus
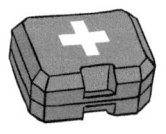 Walizeczka pierwszej pomocy ensiapulaukku	 SOS SOS	 Policja poliisilaitos

Europa

Eurooppa

Ameryka Północna

Pohjois-Amerikka

Ameryka Południowa

Etelä-Amerikka

Afryka

Afrikka

Azja

Aasia

Australia

Australia

Atlantyk

Atlantin valtameri

Pacyfik

Tyynimeri

Ocean Indyjski

Intian valtameri

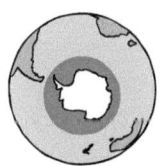

Ocean Antarktyczny

Eteläinen jäämeri

Ocean Arktyczny

Pohjoinen jäämeri

Biegun północny

pohjoisnapa

Biegun południowy

etelänapa

Antarktyda

Antarktis

Ziemia

maa

Kraj

maa

Morze

meri

Wyspa

saari

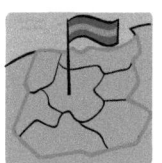

Naród

kansa

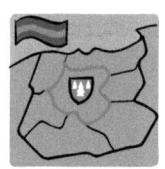

Państwo

osavaltio

Cyferblat

kellotaulu

Wskazówka godzinowa

tuntiviisari

Wskazówka minutowa

minuuttiviisari

Wskazówka sekundowa

sekuntiviisari

Która godzina?

Paljonko kello on?

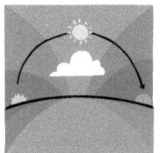

Dzień

päivä

Czas

aika

teraz

nyt

Zegarek digitalny

digitaalikello

Minuta

minuutti

Godzina

tunti

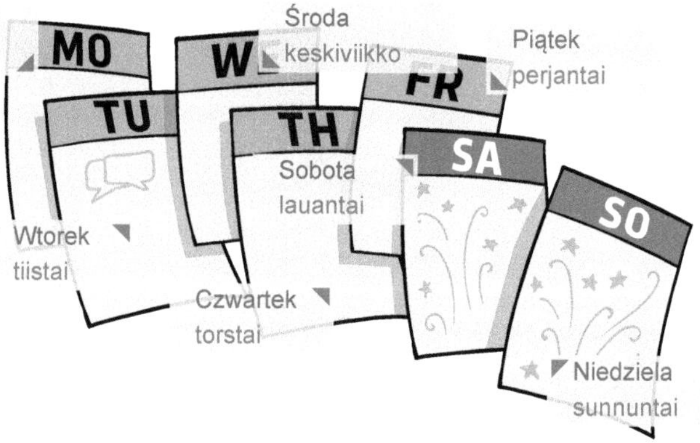

Poniedziałek
maanantai

MO

TU

Wtorek
tiistai

W Środa
keskiviikko

TH

Czwartek
torstai

Sobota
lauantai

SA

FR Piątek
perjantai

SO

▼ Niedziela
sunnuntai

wczoraj
eilen

dzisiaj
tänään

jutro
huomenna

Rano
aamu

Południe
keskipäivä

Wieczór
ilta

Dni robocze
työpäivät

Weekend
viikonloppu

Rok
vuosi

Deszcz
sade
Tęcza
sateenkaari
Wiatr
tuuli
Śnieg
lumi
Wiosna
kevät
Lato
kesä
Jesień
syksy
Zima
talvi

4.APRIL 11°
5.APRIL 4°
6.APRIL 13°
7.APRIL 8°
8.APRIL 10°

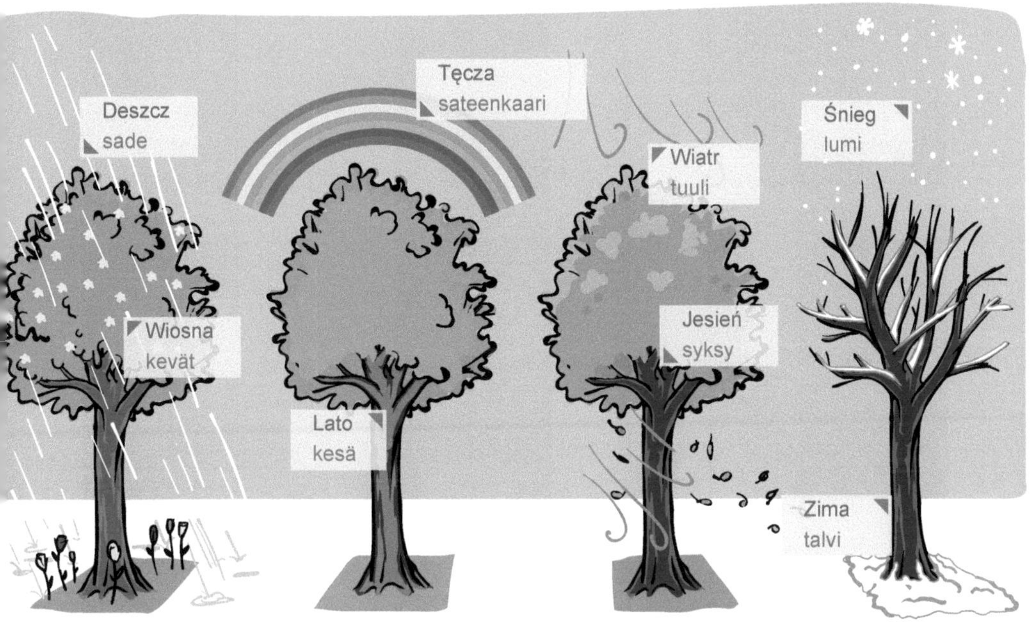

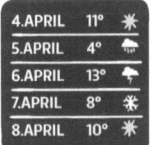

Prognoza pogody

sääennuste

F C
120 40
90 30
60 20
30 10
0 0
-30 -10
-20

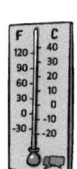

Termometr

lämpömittari

Światło słoneczne

auringonpaiste

Chmura

pilvi

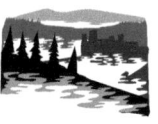

Mgła

sumu

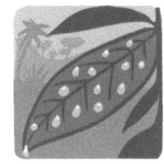

Wilgotność powietrza

ilmankosteus

Błyskawica

salama

Grzmot

ukkonen

Sztorm

myrsky

Grad

rae

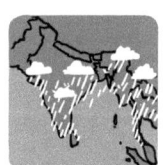

Monsun

monsuuni

Potop

tulva

Lód

jää

Styczeń

tammikuu

Luty

helmikuu

Marzec

maaliskuu

Kwiecień

huhtikuu

Maj

toukokuu

Czerwiec

kesäkuu

Lipiec

heinäkuu

Sierpień

elokuu

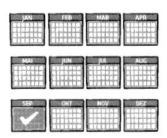

Wrzesień
....
syyskuu

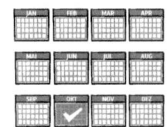

Październik
....
lokakuu

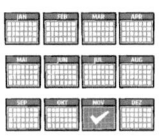

Listopad
....
marraskuu

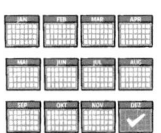

Grudzień
....
joulukuu

Kształty
muodot

Koło
....
ympyrä

Kwadrat
....
neliö

Prostokąt
....
suorakulmio

Trójkąt
....
kolmio

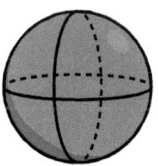

Kula
....
pallo

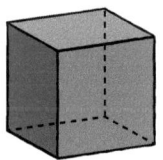

Sześcian
....
kuutio

biały

valkoinen

żółty

keltainen

pomarańczowy

oranssi

różowy

vaaleanpunainen

czerwony

punainen

liliowy

violetti

niebieski

sininen

zielony

vihreä

brązowy

ruskea

szary

harmaa

czarny

musta

dużo / mało

paljon / vähän

wściekły / spokojny

vihainen / ystävällinen

piękny / brzydki

kaunis / ruma

początek / koniec

alku / loppu

duży / mały

suuri / pieni

jasny / ciemny

vaalea / tumma

brat / siostra

veli / sisko

czysty / brudny

puhdas / likainen

kompletny / niekompletny

täydellinen / epätäydellinen

dzień / noc

päivä / yö

umarły / żywy

kuollut / elävä

szeroki / wąski

leveä / kapea

jadalny / niejadalny

syötävä / syömäkelvoton

zły / uprzejmy

paha / kiltti

podniecony / znudzony

innostunut / tylsistynyt

gruby / chudy

lihava / laiha

najpierw / na końcu

ensimmäinen / viimeinen

przyjaciel / wróg

ystävä / vihollinen

pełen / pusty

täysi / tyhjä

twardy / miękki

kova / pehmeä

ciężki / lekki

painava / kevyt

głód / pragnienie

nälkä / jano

chory / zdrowy

sairas / terve

nielegalny / legalny

laiton / laillinen

inteligentny / głupi

älykäs / tyhmä

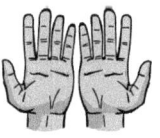

lewo / prawo

vasen / oikea

bliski / daleki

lähellä / kaukana

nowy / używany

uusi / käytetty

nic / coś

ei mitään / jotain

stary / młody

vanha / nuori

włącz / wyłącz

päällä / pois päältä

otwarty / zamknięty

auki / kiinni

cichy / głośny

hiljainen / äänekäs

bogaty / biedny

rikas / köyhä

prawidłowy / błędny

oikein / väärin

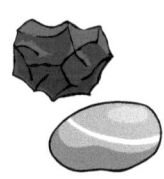

chropowaty / gładki

karhea / sileä

smutny / szczęśliwy

surullinen / iloinen

krótki / długi

lyhyt / pitkä

powolny / szybki

hidas / nopea

mokry/suchy

märkä / kuiva

ciepły / chłodny

lämmin / viileä

wojna / pokój

sota / rauha

0

zero

nolla

1

jeden

yksi

2

dwa

kaksi

3

trzy

kolme

4

cztery

neljä

5

pięć

viisi

6

sześć

kuusi

7

siedem

seitsemän

8

osiem

kahdeksan

9

dziewięć

yhdeksän

10

dziesięć

kymmenen

11

jedenaście

yksitoista

12

dwanaście
kaksitoista

13

trzynaście
kolmetoista

14

czternaście
neljätoista

15

piętnaście
viisitoista

16

szesnaście
kuusitoista

17

siedemnaście
seitsemäntoista

18

osiemnaście
kahdeksantoista

19

dziewiętnaście
yhdeksäntoista

20

dwadzieścia
kaksikymmentä

100

sto
sata

1.000

tysiąc
tuhat

1.000.000

milion
miljoona

Angielski

englanti

Angielski amerykański

amerikanenglanti

Chiński mandaryński

mandariinikiina

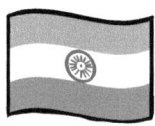

Hindi

hindi

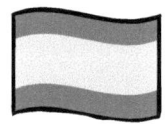

Hiszpański

espanja

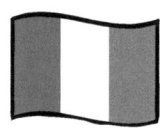

Francuski

ranska

Arabski

arabia

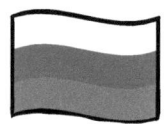

Rosyjski

venäjä

Portugalski

portugali

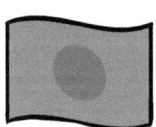

Bengalski

bengali

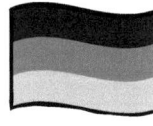

Niemiecki

saksa

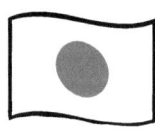

Japoński

japani

ja
minä

ty
sinä

on / ona / ono
hän

my
me

wy
te

oni
he

kto?
kuka?

co?
mitä / mikä?

jak?
miten?

gdzie?
missä?

kiedy?
milloin?

Nazwisko
nimi

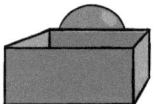

za
takana

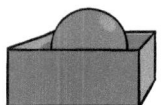

w
sisällä

przed
edessä

powyżej
yläpuolella

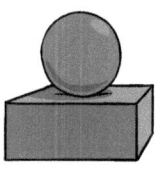

na
päällä

pod
alapuolella

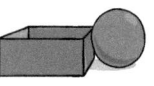

obok
vieressä

między
välissä

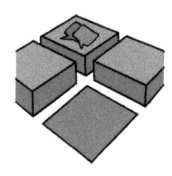

Miejsce
paikka